自衛隊
メンタル教官が
教える

折れない
リーダーの
仕事

Work style of the leader who does not break down

下園 壮太
Sota Shimozono

日本能率協会マネジメントセンター

はじめに

「頑張ればなんとかなる」

よく聞く言葉ではあるが、果たしてこれは真実だろうか。

本書を手にとられたあなたの状況について言うならば、その答えは「ノー」である。頑張ってもどうにもならない場面というのは、確実に存在する。

もう少し正確に言うならば、今までと同じ「頑張り方」を続けても、成果につながるどころか、むしろその「頑張り」がリスクとなる場面がある。折れそうな自分をなんとか立てなおそうと思って本書を手にとってくださったあなたが置かれた状況は、おそらくそれに該当する。

あなたが今やるべきことは、「頑張る」ことではない。

今の「頑張り方」を捨て、新しいリーダーシップ――本書が提案する戦場仕様の折れないリーダーシップ――を手に入れることである。

あなた自身、もしくはあなたの率いるチームのメンバーに次のような兆候が見られるようであれば、今すぐ本書に目を通して、自分自身のリーダーシップを変化させて欲しい。今のまま頑張り続けることのリスクが特に大きく、良かれと思った行動が悲劇を招きかねないからだ。

・体調が崩れる
・ストレス解消のための行為が増えてくる（やらなくなる）
・仕事に積極性がなくなる（防衛的になる）
・計画の変更に強く不満を訴える
・指導を受けるのを嫌うようになる（反抗する、言い訳する、嘘をつく）
・仕事のスピードが遅くなる、ミスが増える、残業が増える
・人間関係が悪くなる、言い争いが増える
・不公平感に敏感になる
・派閥ができたり、スケープゴートをつくり始める
・愚痴が増える、笑顔・笑い声が消える
・悩み事（相談事）が増える
・転職を考えるようになる
・リーダー（上層部）に対する不満が大きくなる

本書で述べるのは、こうした兆候が見られるチームを率いるためのリーダーシップである。参考にしたのは、私が30年にわたって所属してきた陸上自衛隊で経験してきたことだ。

自衛隊は、絶対に負けてはいけない組織である。どんなに苦しい状況であっても、折れずに任務を成し遂げる強さをもたなければならない。

そこで採用されているのは、「戦場仕様」のリーダーシップである。

いつどこから敵に攻め込まれるかどうかもわからない高ストレス状態では、人はすぐに疲労する。しかし、疲労を理由に降伏することはできない。自衛隊が負ける＝国が滅びることだからだ。疲労が溜まって今にも折れそうな環境においても生き残っていく方法を合理的に考えた結果として生まれたのが、本書で紹介する「折れないリーダーの仕事」である。

その多くは、読者がこれまでに常識だと考えてきたリーダーシップとはかけ離れたものかもしれない。しかし、過酷さを増し、まさに「戦場化」するビジネス環境を生き残るうえで、これまでの「平時のリーダーシップ」には限界があることを理解して欲しい。

本書が、今にも折れそうなプレッシャーの中で戦うあなたのヒントになることを祈っている。

平成29年1月　下園壮太

序章　負けないリーダーシップを手に入れる

第1章

ビジネスという戦場を戦い抜くために必要なこと

第2章

折れないリーダーの仕事1
疲労をコントロールする

第3章 折れないリーダーの仕事2 仕事を切る

第4章 折れないリーダーの仕事3 伝える

第5章

折れないリーダーの仕事4 団結させる

第6章

折れないリーダーの仕事5 リーダー自身のダメージをコントロールする

序章

Work method of the leader who does not break down

負けないリーダーシップを手に入れる

ビジネスは戦場である

この本は、戦場のように厳しい環境にあるビジネスパーソンのために書いた本だ。

ビジネスの現場は、戦場だ――。「いや、それはさすがに言い過ぎだ」と感じるだろうか。しかし、多くのビジネスパーソンが語る話を総合すると、昨今のビジネス環境は、まさに戦場のような緊張感をもって戦い続けなければいけない、大変過酷なものである、というのが私の認識だ。

互いの生き残りをかけた競合他社との熾烈なシェア争い。技術開発競争は待ったなし。良いものをつくっても売れない時代では、安いことが当たり前。より良いものを、より安く。こんな構造では、どれだけ頑張っても思うような利益が得られず、組織は疲弊していく。

さらに現場も悲惨な状況だ。人手不足が慢性化し、今までは二人でやっていた仕事を一人でこなさなければならない。メールや電話の対応だけで数時間かかることもあり、クレーム対処に苦心する。請求書や契約書の処理などといったルーチンワークをこなしながらも、会社全体のプロジェクトに参加するように命じられ、調査や会議の準備に時間をとられてしまう。朝から晩まで息つく暇もない。

そんな状況も、数週間などと限られた期間ならまだいい。どんなに忙しい環境でも、短期間なら乗り越えられる。落ち着いた後に、仕事を休むなり、ペースを落とすことができれば、疲れは回復し、次の「戦い」に備えて英気を養うことができる。

しかし現実には、大変な状況が数か月以上、時には数年以上にわたって続いている組織（部署）も少なくないのだ。

「今は大変な時期だけど、ここをなんとか乗り切ろう」

そんな言葉がむなしく聞こえてしまうほど、ビジネスパーソンは長期にわたる戦いを強いられる。本来の戦場ならまだしも、ふつうに働く人々が、かつて、これほどまでに、生きるのに緊張状態を強いられ続ける時代があっただろうか。

チームが崩壊するプロセス

そんな「戦場」に等しい環境で、あなたはリーダーを任された。チームを率いて、なんとか成果をあげなければならない。ストレスにまみれ、現場と上層部の板ばさみに苦しみながら、藁にもすがる思いでリーダーシップに関する書籍を手にしたことがあるかもしれない。

そこに書いてあるのは、有名な成功者が語る「勝つためのリーダーシップ」だ。確かに、どれも納得の内容である。

しかし、今のあなたは何かしっくりこないものを感じるのではないだろうか。

そう、今のあなたが必要としているのは、「勝つためのリーダーシップ」ではなく「負けないため」、さらに言えば「生き残るためのリーダーシップ」であるからだ。


では、生き残るにはどうすればいいのだろう。

私は組織のカウンセラー、リーダーのメンタルコーチとして、成功する組織だけでなく、崩壊する組織のプロセスも見てきた。もちろんビジネスの世界なので、資金繰りやライバルの出現、ニーズの変化、法制の変化なども大きな要因だ。ただ、それは今のあなたの立場でなんとかできるものではなく、もっと上層部の人間が対応すべきテーマだ。

あなたが学ぶべきことは、**「人」に関すること**だ。これは**すべてのリーダーに共通する重要な要素**でもある。

崩壊する組織を「人」の観点で見てみると、次のような特徴やプロセスを確認できる。

まず、崩壊しそうなチームには、次のような潜在的な特徴が表れる。

・メンバー同士が不仲で、人間関係がぎくしゃくしている
・チーム内で情報共有ができておらず余分な仕事、ちぐはぐな仕事が発生している
・仕事ができる有能なメンバーに仕事が集中しすぎている
・それぞれがあまり他人の仕事に口を出さないようになっている

興味深いことに、このようなストレスフルな職場環境が続いていても、パフォーマンスはなんとか維持できていることが多い。

逆境の中であっても、「大変だけど、自分はまだまだ踏ん張れる」、「気力で乗り切ろう」、「頑張り続ければ成果はあげられるはず」、「この山を乗り切ればなんとかなる」と、本人たちはそれほどの切迫感を抱いていないことも少なくない。

第1章でも詳しく述べるが、限界を超えるストレスにさらされ続けていても、人のパフォーマンスはそう簡単には落ちない。ストレス度とパフォーマンスは、完全な平行線ではないのだ。ところが、あるレベルを超えると、徐々にチームに変化が表れ始める。

・メンバーのいさかいが増える
・小さなミスが増え、時には大きなミスも目立ってくる

・さまざまな理由で休むメンバーが多くなる
・リーダーを信頼していない、頼りないと感じてくる
・戦力となっているメンバーがさまざまな理由で辞めていく

そんな薄氷を踏むような状況で、病気やメンタル不調による休職・退職によりメンバーが突然欠けてしまうと、いよいよ危険信号だ。メンバーが過労自殺で亡くなるケースなどは最悪の事態と言える。

抜けたメンバーの穴をなんとか埋めようとしても、メンバー個々の活力は、それほど残っていないため、すぐに限界を迎えてしまう。

さらに一人抜け、二人抜け……何も手を打たなければ、後は崩壊を待つだけだ。そうなるとチームは、まるで雪崩のように一気に崩れていく。

では、このようなシナリオを避けるにはどうすればいいのだろう。

まさに、「戦場」を想定した組織、自衛隊のリーダーシップにそのヒントを見出すことができる。

「負けないリーダーシップ」を自衛隊に学ぶ

自衛隊の基本的な役割は、国防、すなわち国を守ることだ。

ここに仮想敵国X国があったとしよう。X国と日本が戦争になり、そして自衛隊が負けてしまったとしたら、日本はどうなるだろうか。

あまりに現実味がなく、イメージしづらいかもしれないが、「自衛隊が負ける」ということは、すなわち「日本がなくなる」ということだ。

仮想敵国X国の法律や風習、制度がどれほど理不尽なものでも、それに従わされることになる。これまでの日本の法律も財産も風習も常識も、すべて通じなくなる。現在の日本のような自由で平和で安全な国民生活が持続されるとは限らない。命の保証すらなくなってしまう。

「国がなくなる」とは、そういうことなのだ。

だからこそ、自衛隊は絶対に負けてはならない。**どんな組織よりも「負けない強さ」をもつ組織でなくてはならない**のだ。

「勝つためのリーダーシップ」と「負けないリーダーシップ」には次のような違いがある。

①負けないリーダーシップは、長期戦を前提とする

勝つためのリーダーシップは、戦いで言えば「攻撃」に似ている。いつどこに戦力を集中させるか、そのタイミングを自分で決められる。

一方、防御する側は、いつ攻撃されるかわからない。ずっと緊張し、待ち続けなければならない。苦しい状態を自分の力でなんとかするというよりも、相手が根負けしたり情勢が変わったりするのを待つしかない。主体的に発揮できる力がないのだ。

こう考えると、**「時の利」を待てるかどうか**が、負けないリーダーシップのポイントとなってくる。「元寇《げんこう》」の時の神風を待つようなものだ。「時の利」が訪れるまでは、長期戦を想定し、それをしのいでいく必要がある。

②負けないリーダーシップは「疲れた人」を対象に考える

勝つためのリーダーシップは、基本的には元気で、上手に刺激すれば自ら働くことに喜びを見出せる人を対象とする。一方、負けないリーダーシップは、すでにストレスでやられ、疲れ果て、協調性も意欲も低下しつつある人を想定する。そんな状態になった人でも、**なんとか動かして、最低限のパフォーマンスをあげていく**ためのスキルだ。

自衛隊には、疲れ果てた隊員を動かすリーダーシップがある。たとえば、何かを指示する時

は努めて誤解がないように、端的かつ明確に示すことが求められる。ダラダラと曖昧な指示では、疲れ果てた人は必ず誤解、あるいは曲解して受け取るからだ。

③負けないリーダーシップは疲労のコントロールを重視する

勝つためのリーダーシップは、基本的に「やる気」を上げることを一番に考える。一方、負けないリーダーシップは、**やる気を完全に喪失しないように、「疲労」のコントロールを重視**する。

もし今、あなたがやる気と活力に満ちあふれ、「勝ち続けるチーム」をつくる方法を探しているなら他の本を探したほうがいい。しかし、あなたのチームに、先に挙げた「崩壊するチーム」の兆候が表れているのであれば、疲労のコントロールを第一に考えるべきだ。

最も危険なことは、高ストレスにさらされ続けている組織で、無理に「勝つチーム」を目指すことだ。多くの場合は崩壊の時期を早めることになる。頑張り方を間違ってはいけない。

④負けないリーダーシップは、リーダーの決断が組織の運命を決める

勝つためのリーダーシップは、たとえ失敗しても、勝てなかったというだけで、それほど大きなダメージはない。一方、負けないリーダーシップは、リーダーの決断いかんで本当に負けが決まってしまう。

だから、とにかく必死度が違う。ルールや慣習、メンツなどに縛られている余裕はない。自衛隊を、上層部の命令をただただ従順に遂行している組織だと思っている人もいるだろう。しかし実際は、それほど従順な組織ではない。非日常とも言える現場では、状況は刻一刻と変化する。何より優先すべきなのは目の前の状況だ。時に現場のリーダーは、上層部の命令に反するような指揮をしなければならない場合もある。

リーダーは、常に自分の頭で考え、最適な判断を下し、行動を決定しなければならない。そのためには、**状況に合わせる柔軟性とともに、自分が責任を担う「覚悟」が必要**になる。

本書には、自衛隊の強みである厳しい環境下でも長期戦を戦い抜けるチーム、つまり「負けないチーム」をつくるために必要な最低限のノウハウだけを書いた。

本書で紹介することは、「やったほうがいい」という生優しいアドバイスではない。「**気に入らなければやらなくてもいいが、やらないとつぶれてしまうだけ**」という、今のあなたにとって極めて切迫した内容だ。

できれば、あなた自身も「覚悟」をもって、本書を読み進めて欲しい。

第1章

Work method of the leader who does not break down

ビジネスという戦場を戦い抜くために必要なこと

第二次世界大戦で起きたこと
～厳しい戦いが続くと何が起きるのか～

第二次世界大戦で日本が敗れた要因のひとつとして、「ダメージコントロール」の弱さが挙げられる。攻撃された後、つまりダメージを受けた後を想定した対策があまりにもお粗末だったのだ。それどころか、ダメージコントロールは語ることすらはばかられ、潔さが強調される空気があったという。

あの戦艦大和は、当時の国家予算の４％強もの建造費を注ぎ込んだが攻撃力や機動力ばかり優先し、防御力をおろそかにしたこともあり、十分な戦果を得ることもなく沈没してしまった。ゼロ戦の略称で親しまれた零式艦上戦闘機は、当時の技術水準とは別次元とまで称賛された長距離航続と運動性能をもつ素晴らしい戦闘機だったが、諸外国では当たり前だったパイロット座席の防弾仕様すら施されていなかった。

「人」についても、ダメージコントロールの意識は薄かった。ストレスがかかると人は弱くなるという発想の代わりに、「つらくても気力があれば乗り切れる」という精神論が幅を利かせていた。食料がなくても水がなくてもなんとかもちこたえるように命令され、弱音を吐く者は周囲に悪影響を与えるので、大変嫌われた。

ただ現実には、人は疲労もするし、食料がなければ動けなくなる。弱ってくれば病気にもなりやすい。現実に、第二次世界大戦での日本軍の戦死者のうち60％以上が病死、しかもそのほとんどは餓死だったと言われている。

「頑張って乗り切る」という考え方は、勤勉な日本人のとても素晴らしい特質だ。日本人はこれまで苦しさに耐えながら、多少の無理を重ねてでも頑張って成功してきた歴史がある。戦後も、世界が驚く復活を遂げ、世界有数の富をもつ国家になった。阪神淡路大震災や東日本大震災からの復興も、多くの国民の「頑張り」が世界を驚かせた。

ただ、そんな精神論だけでは、第二次世界大戦の「戦場」は乗り切れなかったのだ。

「頑張って乗り切る」は、ある程度のストレス状態までは、非常に効果を発揮する。つまり、**中レベルのストレス状態までは、成功のための有効な指針になり得るが、高レベルのストレスではうまくいかない**ツールなのだ。

現代社会は、いつの間にか高ストレスレベルの社会となってしまった。自殺者数は交通事故による死者数の約6倍。「交通戦争」と呼ばれていた時代を鑑みれば、やはり今の社会は「ストレス戦場」と呼べるレベルだろう。

しかも規制緩和以降、競争が激化し「格差社会」のストレスも加わる。中レベルだと思っていたストレスに徐々に負荷が加わりながら現在に至っているため、「高レベルストレス状態にいる」という意識が生まれにくいかもしれない。しかし、ブラック企業や過労死の問題が日常的に語られるようになってきた。国を挙げて「働き方改革」を推進しようとしているが、裏を返せば、それほどリスキーな状態になっているのだろう。

そんな**戦争並みのストレスの中で自分とチームが生き残るには、「頑張る」という精神論ではなく、クールなダメージコントロール、具体的には「ストレスコントロール」が必要**になる。

ただ、ストレスコントロールと言っても、その意味は幅広い。そこで、本書では、ストレスコントロールの中でも一番重要な、「疲労のコントロール」を紹介していく。

自衛隊は、疲労をしっかりコントロールする技術をもっている。その知恵を、現代ストレス戦場にも活かしていこう。

なぜ人は折れてしまうのか
～蓄積疲労の3段階モデル～

疲労をコントロールするうえで、まず疲労の蓄積レベルを理解して欲しい。

以下では、疲労の蓄積レベルを3段階に分けて解説する。各段階には、おおむね次のような

蓄積疲労の3段階モデル（1～3倍モード）

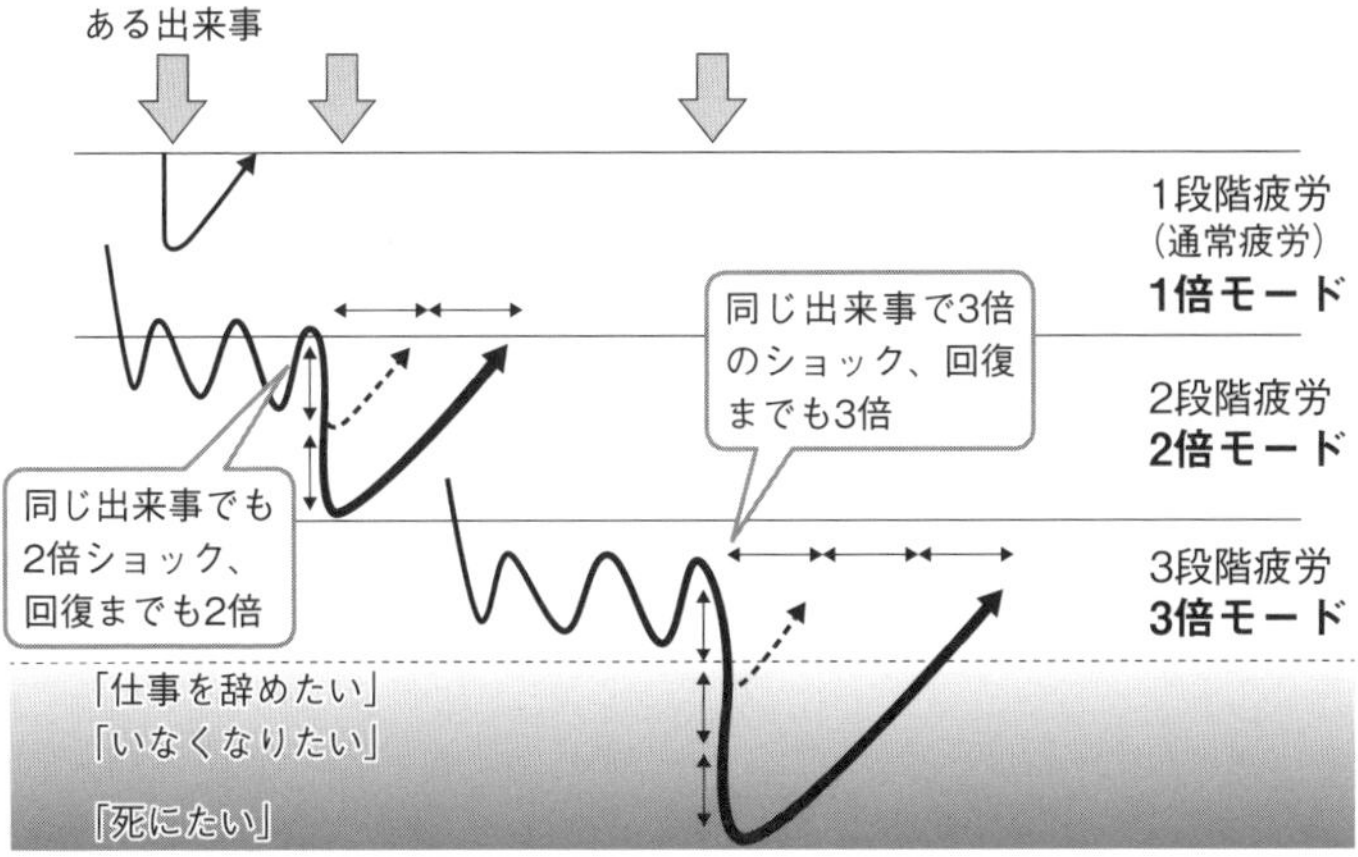

特徴がある。

①第1段階＝ぐっすり一晩眠れば、疲れがとれる

だれしも「ああ、今日は疲れたなあ」と感じる日はあるだろう。心身に負荷がかかれば、その分だけ疲労は蓄積される。

疲労自体は決して悪者ではない。本来、疲労は過剰に活動しすぎてエネルギー切れを起こすのを予防してくれる機能だ。心地良い疲労感があるほうが、睡眠も深くなりやすい。

ぐっすり一晩眠ることによって回復するレベルが、「蓄積疲労の第1段階」だ。**多少の疲労感があっても栄養バランスのとれた食事や、適切な休養と睡眠により、すぐに回復できる状態**である。「通常疲労」とも呼ぶ。

②第2段階＝イライラし、不安になりやすい

「しっかり寝たはずなのに、朝、体が重い」と感じる人は、「蓄積疲労の第2段階」に陥っているのかもしれない。なんらかの負荷によって、一日に回復できる量以上にエネルギーを消耗し続けていると、徐々に疲労の蓄積が大きくなる。

疲労がある程度溜まってくると、まず体に変化が表れる。不眠や食欲不振、だるさ、目や肩、腰の痛み、頭痛などだ。気圧や天候によって体調が変化しやすい人は、その影響をさらに感じやすくなる。

この段階では、体調だけでなく、思考や感情にも変化が表れ始める。まず顕著なのが怒りやすくなることだ。些細なことにもイライラしてしまう。自分に負荷を与えそうな人や組織への警戒を強めることで、無意識のうちにそれらを避けようとするのだ。

警戒心だけでなく不信感も強くなってくるので、人間関係がギクシャクしやすい。そもそも人付き合いは結構、エネルギーを使う作業なので、疲労が溜まると人を避けるようになることもある。

第2段階以降は外的刺激に対しても弱くなってしまう。同じ出来事でも、疲れやすさが2倍になり、出来事に対するショックや反応（不安、怒り、落ち込みなど）も2倍になるからだ。

そして回復するまでに要する時間も2倍になる。

そのため、第2段階は、別名「2倍モード」と呼ばれる。

2倍モードになると、これまでは難なくやっていた仕事や人付き合いが、急に重いものに感じてくる。トラブル一つひとつへの対応に、かなり苦労するようになる。

一方、表面上、仕事のパフォーマンスはなんとか維持できている。会社では笑顔をつくれるし、仕事にも集中できる。ただ、家に帰ると、倒れこむようにベッドにもぐりこむ。

2倍モードの状態は、何をするにも2倍の時間や2倍の作業量をこなしているとイメージするとわかりやすい。たとえば、仕事が8時間なら16時間分の負担感、通勤が2時間なら4時間分の疲労感、飛び込み営業が10件なら20件のプレッシャーといったイメージだ。

「2倍」は、「大変だが、できないことはない」レベルかもしれない。ただ、もしそれが現実なら、ふつうの人なら数日しかもたないはずだ。2倍モードの人は、それが毎日続いている状態だと考えて欲しい。

しかし、本人には「自分がそれだけ大変な状態である」という自覚がないことも多い。

それは仕事ができているからだ。「他の人も頑張っている。結果もなんとか出せている。調子が悪いなんて甘えてはいけない。こんなことで弱音を吐くのは情けない」と自分を責める気持ちがわきやすい。

その一方で、自分の中で「いっぱい、いっぱい」感がどんどん大きくなっていくことに、「どうしたのだろう」と、漠然とした恐怖のようなものを感じている時期でもある。仕事を休めばいいのだが、「休むと弱いダメ人間だと思われる、迷惑がかかる」と思うので、休めない。むしろ自分が限界に近づいていることを認めたくないし、悟られたくないので、仕事に出ているほうが楽な部分もある。

ただ、疲れ果てた頭で考えても仕事はさばけず、いつもならサクサクと進む仕事が、長時間かかるようになる。その結果、残業が増え、睡眠時間が減り、さらに疲労が蓄積するという悪循環に陥っていく。

③第3段階＝心身に「病気」の症状が表れる

第2段階のところで、ストレスフルな環境が終われば、なんとか元に戻っていく。ところが、厳しい状況がさらに続くと、「蓄積疲労の第3段階」に進んでいく。

第3段階では、いよいよ本格的な「病気」の兆候が表れる。うつ病や潰瘍《かいよう》など、はっきりと心身に異常をきたし、仕事のパフォーマンスもガクンと落ちる。

第3段階の別名は「3倍モード」で、元気な時より3倍傷つきやすく、3倍疲れやすい。回復するまでの時間も3倍を要する。すると、日常生活すら維持できないほどになっていく。うつ状態の特徴である過剰な自責の念、自信の低下、不安や焦りが、本来の性格と関係なくだれにでも出てきてしまう。

第3段階になると、不安感が強いため仕事を休むことや専門機関を受診することを極端に怖がることが多い。自分という存在そのものに自信がもてなくなり、「このつらさが止まるのなら死んでもいい」と感じてしまうこともある。

この状態の人には、本格的な休養をとり、治療することが必要だ。詳しくは、拙著『うつからの脱出』（日本評論社）などを参考にして欲しい。

どれぐらいの期間で疲労レベルが第2段階になっていくのか

さまざまなところで話を聞いたり、調査、観察したりしていると、世の中の20％ぐらいの人が蓄積疲労の第2段階、5％ぐらいが第3段階にあると感じている。

平成28年9月の日本財団の調査によると、四人に一人が「死にたいと深刻に考えたことがある」という。「今、もしくはここ1年で死にたいと考えた」人は約5％。私の感覚と同程度である。

さて、本書が対象とする戦場のような「厳しい職場」とは、どのようなものだろう。厳しい職場の定義は難しい。さまざまな厳しさ、さまざまなストレスがあるからだ。ただ、ひとつ言えるのは、メンバーに負荷がかかり、多くのメンバーがここで言う疲労の第2段階に至っているということではないだろうか。

そこで本書では、メンバーの半数が蓄積疲労の第2段階の状態を想定して話を進めていく。それを「第2段階の職場」あるいは「現代ビジネス戦場」と呼ぶことにする。

そんなチームを率いるリーダーシップが、本書で言う「負けないリーダーシップ」であると理解して欲しい。

孫子の兵法は、「敵を知り、己を知れば百戦殆《あや》うからず」と述べている。

現代ビジネス戦場では、業界内のライバルの動向や世界情勢の変化などが「敵」に当たる情報だろう。確かに重要な情報ではあるが、そこは元自衛官であり、ビジネスの世界には疎い私の出番ではない。

ただ、**本当に戦場が苛酷になった時、「己」――つまりメンバーの戦力の低下をしっかり把握しないと、まさに危うくなる**。

そこで、ビジネスシーンに絞って、第2段階に陥ったメンバーの特徴をさらに詳しく考えてみよう。メンバーが第2段階に陥ると、次ページのような傾向が見られるようになる。

では、人はどれぐらいのストレスがかかると、こうした状況に陥るのだろう。そしてその第2段階を、どれぐらいの期間、維持できるのだろう。

もちろんさまざまな条件によって変わるので、言い切ることには勇気がいるが、何らかの尺度がないとイメージしにくいだろう。あくまでも私の感覚だが、私的なトラブルもなく、健康である程度のスキルがある人なら、月の残業（サービス残業や持ち帰り仕事、自宅での作業など潜在的な残業を含む）が80時間を超えるレベルなら3か月で第2段階になり、1年から2年はキープできる。また、睡眠時間が4時間を切るペースなら、2週間程度で第2段階になり、そこで頑張れるのは3か月から6か月程度、その後は第3段階に落ちていく。

自衛隊のほか、世界の軍隊が海外で臨時の勤務をする時の基本的な派遣期間は3か月から6か月に設定されることが多い。3か月～6か月であれば、訓練を積んだ兵士なら過酷な環境でもなんとか任務を完遂できるという経験則からきた数字である。

実際には、すべてのメンバーが同じペースで疲労の段階を進むわけではない。メンバーの年齢や体調、私的なストレス、仕事との相性などが関係し、それぞれのペースで、第2段階、第3段階へと進んでいく。

さらに、そのままのストレスが続き疲労が蓄積していくと、チーム内のメンバーが欠けるこ

不公平感に敏感になる

エネルギーが低下すると、自分の努力が不当に評価されている気がしてくる。あるいは他の人が楽をしているのが許せなくなる。そのため、第２段階の人は、部署、男女差、入社区分、年齢差、住んでいる場所（通勤手段）などのあらゆる局面で他者と比較し、不公平感を抱いてしまう。

派閥ができたり、スケープゴートをつくり始める

不公平感をもとに、特定のグループがまとまりやすい。また、仕事で足を引っ張る（余計な仕事が増やす）人間が許せなくなるので、弱者を攻撃する傾向が強くなる。攻撃していると自分の不安や疲労感を一時的に忘れることもできる。攻撃しているほうは、「できていない人を指導しているだけ」と思っている。指導されるほうも「反抗する」という特徴が出始めているので、両者の関係は悪化しやすい。パワハラ、セクハラ、いじめなどが発生しやすい構造だ。

愚痴が増える、笑顔、笑い声が消える

自分のことで精一杯だと、余裕がなくなる。いつもは愚痴など言わない人でも、つい愚痴がこぼれる。笑っていられる雰囲気ではないので、みんなが厳しい顔つきをしている。

悩み事（相談）が増える

仕事もギリギリ、人間関係の我慢も限界、それで頑張っていると、家庭までケアする余裕はない。もともと抱えている悩み（夫婦問題、子育て、健康、キャリア、介護などの問題）が、こじれてしまうことがある。また、２倍モードなので、以前から存在していたテーマでも、手ごわさが２倍になる。こらえきれなくなり、上司や同僚に相談することも多くなる。

転職を考えるようになる

自分の体調やスキルが信じられなくなり、仕事に自信がなくなる。仕事自体や、職場の人間関係から距離を取りたくなり、転職を考え始める。

噂が横行する

人は弱ると、不安が強くなり、情報に敏感になる。会社の存続にかかわる情報だけでなく、上司や主要メンバーの人事などの噂が横行する。

リーダーに対する不満が大きくなる

自分に仕事を与えてくるという意味で、リーダーになんとなくの嫌悪感をもつ。また、仕事の困難さや職場の人間関係の悪化に対して、なんの改善策をもたないリーダーに不満を募らせ、信頼しなくなる。

第2段階に陥ったメンバーの特徴

体調が崩れる

頭痛、めまい、耳鳴り、腹痛、吐き気、下痢、便秘、肩こり、腰痛などの身体不調を訴え、受診のため休みがちになる。大きな病気になることも。

ストレス解消のための行為が増えてくる（やらなくなる）

アルコール、タバコ、コーヒー、甘いもの、栄養ドリンク、サプリ等が増える。ギャンブルやSNS、スマホゲーム、激しい運動や筋トレなどにはまる人も。

今のなんとなくの不調感を、自分なりに必死に対処しようとしているのだが、その時は気分転換になっても、第２段階なので、結局２倍の疲労を溜め込んでしまう。逆に、これまで熱心だったストレス解消行為を、ぱたりとやらなくなることもある。疲れて意欲がなくなり、喜びの感情も低下しているからだ。

仕事に積極性がなくなる（防衛的になる）

従来の仕事をこなすだけで、２倍のエネルギーを使う状態だ。それ以上のことはできなくなる。そのため、責任のある仕事や新しい仕事、手間のかかる仕事を、避けるようになってくる。

計画の変更に強く不満を訴える

エネルギーがある時は、計画の変更に柔軟に対応できる。ところがエネルギーが低下してくると、たとえ少しの変更でも、変更すること自体に大きな負担を感じるようになる。いつもは素直に指示に従うメンバーが「そういうことは、事前に言ってもらわなければ、困ります。こちらにはこちらの都合があるんです」などと発言するようになる。

指導を受けるのを嫌うようになる（反抗する、言い訳する、嘘を言う）

指導を受けると、自分のやり方を変更しなければならない。作業自体も増えるし、新たな注意・集中を余儀なくされる。エネルギーに余裕がある時は素直に従えても、第２段階になると、急に頑なに自分のやり方にこだわり始める。また、自分の立場を守るために、必死に言い訳をしたり、時には嘘をつくメンバーも多くなる。

仕事のスピードが遅くなる、ミスが増える、残業が増える

誰でも疲れてくると頭がぼーっとして集中力が低下してくる。すると作業効率が悪くなり、ミスが起きやすくなる。第２段階では、それを長時間作業する「努力」で補ってしまう。

人間関係が悪くなる、言い争いが増える

仕事をするうえでも日常の付き合いでも、人間関係には「他人に合わせる」部分がある。エネルギーが低下してくると自分のペースで楽にやりたくなってくる。

ともあるだろう。

「メンバーが一人減っても、組織としてはなんとかもつのではないか」と楽観視している人が多いが、決してそうではない。

というのも、一人が欠けると、その穴をだれかが埋めなければならないが、第2段階の職場では、メンバーのだれにもそんな余裕はない。そのため、組織は急激に崩壊していくことになる。

ちなみに、戦場で「全滅」と表現される時、兵士はどれぐらい残っていると思うだろうか。

第2次世界大戦の「玉砕」のイメージがあるので、ほとんど数名しか残っていない状態をイメージするかもしれないが、実は7割残っていても「全滅」と言われる。数は残っていても、組織として機能しないからだ。


いずれにしても、第2段階の職場は、たとえ成果をあげられていても、メンバーはまさにギリギリで、職場の雰囲気も決して良くない状態だ。

実は、蓄積疲労の第1段階であれば、メンバーは**「良い人」**で、やる気もあり、それなりの能力を発揮できる。そんな時は、それほど特別なリーダーシップを発揮しなくとも、チームはそれなりに機能する。お互いに気遣える余裕があるからだ。

ところが、メンバーが一人、二人と第2段階に陥ってくると、チームの雰囲気が少しずつ変わってくる。第2段階にいる人は、疑心暗鬼でイライラし、足を引っ張る人間を許せない。自分を守るための嘘も多くなる。ひと言で言えば**「嫌な人」**になりやすい。チーム内がギスギスし、業務のスピードが落ち始める。

そして、第2段階のメンバーが半数を超えると、一気に状況は変わってくる。これまでのリーダーシップが通じなくなるのだ。

日ごろのチーム運営が、「なあなあ」、「阿吽の呼吸」、「つうと言えばかあ」でうまくいっていたとしても、第2段階のメンバーが増えてくれば、まったく違う方法が必要となってくる。

これが本書の想定する「現代ビジネス戦場」だ。

「嫌な人」なら、鍛えなおせばいい？

本書では、疲労の第2段階の職場を想定して、自衛隊のリーダーシップからヒントを得ようとしている。第2段階では、人は皆「嫌な人」になってしまうが、そういう部下を統率しようとする時、自衛隊なら、きっと厳しく指導するのだろうな——と、そう思っているのではないだろうか。

もちろん、集中力が欠ける隊員に対して、安全を確保するために、いっそうの厳しさが要求されるのは間違いない。しかし厳しいだけでは、リーダーに対する不信がどんどん広がり、チームの崩壊は一層早まる危険性がある。

あるビジネスコーチが第2段階の組織に介入するとしよう。

コーチには、まずメンバーのだらしなさが目につく。そこで、メンバーの意識改革から始めようと、さまざまなコーチングスキルをくり出す。意欲を刺激する質問、責任を認識させる研修、仕事の効率化を意識させる研修、助け合いを助長する場の設定……。

一人ひとりの「嫌な部分」、「ダメな部分」を修正するのは大変な作業だ。おそらくその長い道のりを進むうちに、第3段階への崩壊が始まっていくだろう。

確かに、「修正」や「教育」も効果はある。

しかし、第2段階では、それよりもまず疲労のコントロールを重視すべきなのだ。というのも、**疲労が第2段階から第1段階に戻れば、「嫌な人」は何の修正をしなくても「良い人」に変わっていく**からだ。

「紳士の国」として知られるイギリスで行われた、こんな実験がある。

食事を十分与えられていた時は、皆が「紳士」として振る舞い、協調性も十分だった。ところが、食事量はそのままでも栄養価の低い食事を与えていたら、それぞれのメンバーが、意固地になり、意地悪になり、自分勝手になっていった。つまり「紳士」ではなくなったのだ。

そして、食事を元に戻すと、再び「紳士」に戻っていった。

多くの人が数年で心身のトラブルを経験し、メンバーの入れ替わりが激しい第2段階の職場でも、そこで10年も耐えている人もいる。そんな人がいると、他の人は「弱い」と思われることがあるが、リーダーは、評価の軸を誤ってはいけない。

第2次世界大戦における欧州戦場の分析によると、過酷な戦場に1か月もいると、ふつうの人は心身の調子を崩す。ところが5％の人は元気だったという。その特徴をよく調べてみたら、過去に罪を犯した者が多かったそうだ。彼らは、戦場という環境に適応していた。

同じように第2段階の職場でも、適応する人はいる。しかしそれは非常に少数だ。

その少数を基準にしては、全体をうまく動かすことはできない。

リーダーがやるべきことは、ふつうの人が疲労し始めている時、強制や鍛えなおすという誤った方法で対処しないことだ。正しい対処、すなわちケアをするためには、まず疲労状態を適切に把握する必要がある。

次章では疲労のコントロール法を見ていくことにしよう。

第2章

Work method of the leader who does not break down

折れないリーダーの仕事1
疲労をコントロールする

目に見えない「ステルス疲労」に気をつけよ

部下の疲労をコントロールすることが、リーダーの役割だと深刻に認識している人はそれほど多くない。多くの人は、疲労の第1段階の職場をイメージしているからだ。

もちろん仕事をすれば疲れるが、それは危険なレベルではなく、メンバー個人が、それぞれに管理できる範囲。つまり、疲労の管理は「個人の責任」、というのが暗黙の了解なのだろう。

しかし、第2段階では、様相が全く異なるのはすでに述べたとおりだ。**疲労をうまく管理できるリーダーは厳しい局面を乗り切れるが、そうでないリーダーは部下ともども沈んでしまう**ことになる。

疲労の第2段階の厄介なところは、かなりの疲労が蓄積されているにもかかわらず、ある程度の期間は仕事上のパフォーマンスをキープできることにある。それゆえ、本人も周囲も疲労の蓄積に気付きにくいのだ。

しかし、そのまま疲労が溜まると、ある時、突然、限界が訪れる。

私は、徐々に蓄積されているにも関わらず、本人や周囲になかなか知覚されない疲労のことを、ステルス戦闘機にちなんで、**「ステルス疲労」**、もしくは「遅発疲労」と呼んでいる。

「ステルス戦闘機」とは、表面を特殊加工するなどして、レーダーによる早期発見を困難にした戦闘機だ。忍び寄る機体に気付かず、いきなり目視できる場所に現れる。発見が遅れるので、攻撃力が極めて高い戦闘機だ。

ステルス疲労も同様に、一見、蓄積されていることがわかりづらい。**日常の生活や仕事の中では、疲労を察知しにくい**のだ。しかし、ある日突然、大きなダメージを伴って目の前に現れる。

燃え尽き症候群のメカニズム

疲労の蓄積が本人にも周囲にもわかりにくいのには、いくつかの理由がある。

まず、蓄積疲労の場合、**出来事と疲労感には大きな時差がある**。

一般的な疲労では、何か大変なことがあって、その後、疲労を感じる。この疲労感は、時差がなく本人にとって当然なので「休まなければ」と認知しやすい。

ところが、確かに毎日は大変だけれども、大きなイベントが終わり、今は通常業務に戻っている。すでに大変な時期は過ぎたはずなのに、なぜかどんよりとした疲労感（のようなもの）があり、それが続いているのだとしたらどうだろう。

「この不調感は、自分の気合が足りないせいだろうか。心身がたるんでいるから？　体調がすぐれないから？　病気？　歳のせい？　仕事に興味がなくなった？」などと考えることはあっても、「疲労が蓄積しているから休まなければならない」という発想には至らない。周囲の人がいつものように仕事をこなしていれば、なおさら休もうとしないだろう。

前章をお読みいただき、すでに気が付いているかもしれないが、これは単にその人の蓄積疲労が第1段階を超えて、第2段階に達したというだけだ。同じ通常業務でも2倍の疲労を感じるようになったのだ。

第2段階なので、休むことが基本的な対処法だ。

ところが、疲労のメカニズムを知らない人は、「たるんでいる自分に気合を入れよう」と、自分を叱咤激励したり、ピリッとした刺激を与えるために、わざと忙しくして自分を追い込んだりする。あるいは、若さを取り戻そう、体調を管理しようと、ふだんはやらないスポーツをしたりする。

これでは疲労が溜まり、逆効果だ。

こうした現象は、特に大きなプロジェクトなどが終わった後によく観察される。プロジェクト進行中は、それなりにがむしゃらに頑張り続けることはできる。苦しさも感じない。アドレナリンが効いているからだ。

しかし、そのプロジェクトが終わり、「もうこれからは楽になる」と思った時、なぜか不調感に襲われる。アドレナリンの終了とともに、今まで溜まっていた疲労を認知し始めるからだ。それが第2段階を超えていたら、日々の生活だけでも2倍の負荷を感じることになる。体調も崩れ、仕事への意欲も急激に低下するだろう。

そんな自分に自信をなくして職を離れる人につけられたのが、**「燃え尽き症候群」**という言葉だ。

ステルス疲労は、本人にとっても不可解なものである。どうしていいかわからず、助けを求めることもできなくなってしまう。

メンバーの不調に気付けているか？

ステルス疲労が厄介なのは、本人が自覚しにくいということだけではない。周囲にも当事者の疲労が伝わりにくいのだ。

第2段階では、パフォーマンスはギリギリ維持できている。また本人は、自分のだらしなさが原因だと思い、不調を隠してより頑張ろうとする。だから周囲にもわかりにくい。

これが一番の理由だが、そのほかにもある。

まず、**リーダーがメンバーの不調を無視する傾向がある**。

特にリーダー自身が体力的に強い場合、第2段階に陥っていく部下に対して、「ふつうの仕事をしているだけなのにだらしがない」、「社会人としての責任感がない」と感じてしまう。「泣き言は聞かない」という態度をとったり、「疲労のコントロールは社会人としての常識だ」と考えているリーダーであれば、メンバーに忍び寄る疲労の問題を把握することは難しい。

もしくは、周囲が無意識に「気付かずにいる」場合もあるだろう。

当事者の不調が行動や表情に表れているのに、同僚が、気付いていないことがある。なぜならば、周囲も「いっぱい、いっぱい」だからだ。

仲間が大変そうにしているのは、なんとなくわかる。しかしそれに気が付いてしまったら、自分が助けなければならないがそんな余力はない――。つまり、**周囲が第2段階になっていると、仲間の第2段階に気が付かない**のである。無意識のうちに、見ないようにしてしまうのだ。

このようにあるメンバーの第2段階は、皆が危険から目をそらしているうちに、じわじわと進行し、やがてチームが崩壊する原因となっていく。

「疲労ごとき」と甘く見てはいけないのだ。

人は年齢には勝てない

疲労をコントロールするうえで、特に気を付けて欲しいことが三つある。

①人は年齢には勝てない

人がもつエネルギーは、20代をピークに年々低下し続ける。

いつまでも、20代と同じ感覚でハードワークを続けていると、30代、40代で、突然、体に異

年齢と回復力

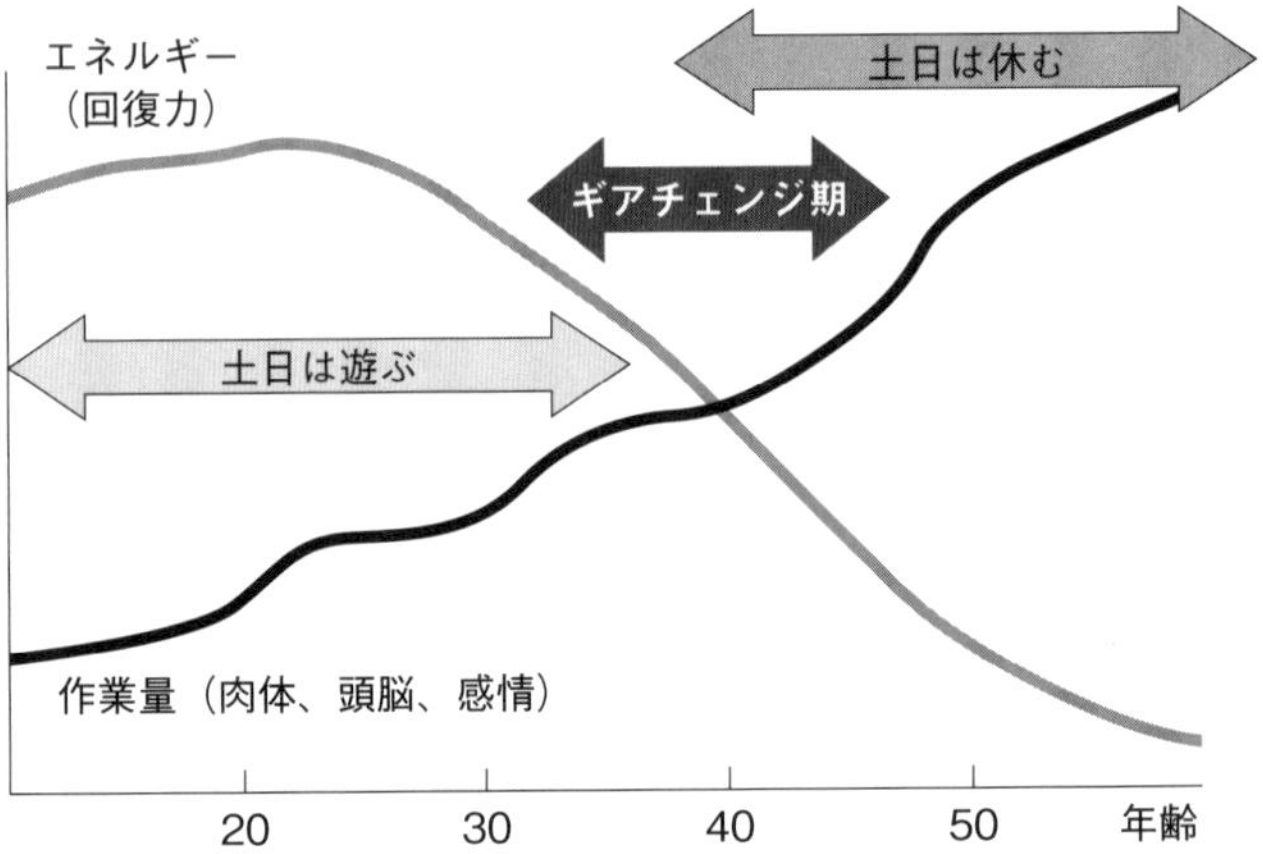

常が表れるのはそのためだ。オリンピック競技などでも、ほとんどのアスリートのピークは、20代であることを思い出して欲しい。

体力はそうかもしれないが、心は違う。確かに記憶力は少し落ちているが、注意力や集中力、思考力は、今のほうがすぐれている――そう感じる30代、40代の方もいるかもしれない。

ただしそれは「スキル」の話であり、「持久力」は、どうしても年齢とともに低下していくのだ。

剛腕で鳴らした「先発」ピッチャーも、年齢とともに「抑え」に回る。スキルは上達しているので、重要な終盤を任される。しかし、9回を投げ続けるのは難しいのだ。

年齢を重ねるほど疲労が蓄積しやすくなるが、それは疲労回復力が低下するとともに、肉体・頭脳・感情労働が増加すると考えると理解しやすい。

動物としての疲労回復能力の低下は、端的には睡眠の力と考えていい。若い時は、どこでも、すぐにぐっすり眠れる。ところが年齢を重ねるに従い、睡眠をとりづらくなる。

それに対して、こなすべき労働は増加してくる。

若い時は、仕事と自分のことだけを頑張ればいい。ところが、部下ができ、仕事への責任が増すと、気遣いは格段に大きくなる。さらに、結婚や子育てという私的なイベントが重なってくる。職場だけでなく、家庭でもエネルギーを使うのだ。

年齢を重ねるに従い、家庭における責任はもっと重くなり、子どももいろいろと悩ませる。そして、次は親の介護、自分の老後――。

結局、図のように、**30代から40代にかけて、疲労の収支構造は逆転してしまう**のだ。若いころは乗り切っていたことでも、**30代後半以降のビジネスパーソンは自分と向き合い、疲労をコントロールしないと、いざ長期戦に陥った時につまずきやすい**。

もし、年齢を重ねてもずっとエネルギッシュで精力的に活動している人がいるのだとしたら、「疲労コントロール」に長けている人だと考えていいだろう。

②楽しいことでも疲労する

疲れるのは、ストレスフルな作業だけではないという点にも注意が必要だ。もちろん嫌な仕事は、本当に疲れる。それに比べて、やりがいのあること、楽しいことは、疲れを感じない。それはだれもが如実に感じていることだろう。

ただ、冷静に考えてみると、たとえ充実した楽しいことでも、活動していることには変わりない。嫌なことに比べて疲れは少ないかもしれないが、「ない」わけではないのだ。

第1段階の元気な時なら問題ない。

しかし、第2段階になると、楽しいことに付随する快感はそのままだが、「疲れ」だけが2倍になる。楽しいイベントの最中は、興奮し、疲れを忘れていても、終わった後にドーンと気分が落ち込むようになる。

③肉体と精神は同じ源からエネルギーを消費している

誤解されていることが多いのだが、人間がもつエネルギーの源はひとつだけであり、肉体的な疲れも精神的な疲れも同じ源からエネルギーを消費している。

労働と言うと、肉体労働をイメージするだろう。だから、「今日は疲れたな」と1日を振り返ると、「外回りでだいぶ歩いたからな」とか、「立ちっぱなしだったからな」などと、肉体的な疲労ばかりを考えてしまう。

ところが、労働には肉体労働だけでなく頭脳労働もある。何時間もパソコンをにらみ続けると、頭がぼーっとし、目が痛くなってくる。これも立派な疲労だ。

さらに、近ごろでは「感情労働」という言葉が使われるようになってきた。

クレーム対応、接待、上司や同僚とのいさかいなど、感情を動かされる出来事は、非常に多くのエネルギーを消耗する。現代人の疲労の増加は、情報過多社会の中で感情が刺激されっぱなしであることが一番の原因ではないか、と考えてしまうほど、感情の消耗は深刻さを増している。

肉体労働、頭脳労働、感情労働の三つは、同じエネルギーを使っている。上司と嫌なことがあった時も、ゆっくり眠ると嫌な感情が収まることがあるのは、このメカニズムによるものだ。

この「すべては同じエネルギーを使っている」ということを理解していないと、疲労に対し、誤った対応をとりかねないので注意して欲しい。

逆効果になりやすいストレス対処法——ジョギング、サウナ、海外旅行

蓄積疲労の第2段階の方のカウンセリングをしていると、よくわからない不調感に対し、自分で必死に対処しようとしているケースが多い。疲労のメカニズムを十分に理解しておらず、自己流の対処をすることで、逆に疲労の蓄積を深めてしまっていることがある。

たとえば、自衛隊員にもストレス解消のためにジョギングをしたり、サウナに通ったりする人が多い。サウナもジョギングもギリギリまで自分を追い込んで、「きついけれども、我慢して乗り越えるのが気持ちいい」と言う。

わけのわからない不調感があると、人は自信がなくなってくる。その自信を補強しようと「頑張って乗り切れる自分」を感じやすい課題に取り組みがちだ。

しかし、**不調感の根本的な原因が蓄積された疲労にある場合、過剰なスポーツやサウナは、やればやるほど体力の消耗を進める恐れがある**。

ところが、第2段階になると人は頑固になる。なかなか自分の行動パターンから抜け出せないのだ。

クライアントに「サウナは止めたほうが良いですよ」とアドバイスをしても、なかなか守れ

ない。消耗しきった顔でカウンセリングに訪れ、「すいません、またサウナに行ってしまいました」と反省するクライアントもしばしばだ。

ジョギングやサウナと同様に、「頑張った自分へのご褒美」などと、疲れている時に無理に海外旅行に行くことも避けたほうが無難だ。

中には、旅行のため徹夜をしてまで仕事を片付けるような人もいる。そんな疲れた体に、長時間のフライトや時差ボケが加わる。蓄積疲労が一気に進むだろう。

「週末でグアムに行ってきました」と話すクライアントがいた。

4時間で行ける。時差もほとんどない。月曜からは仕事に行ける。

そんなうたい文句に誘われて、「気分を変えよう」と一念発起したのだが、結果は予想どおり、いや予想以上の落ち込みようだった。

第2段階になれば2倍の疲労感を抱く。出発当日の頑張った8時間は16時間分、成田までの2時間も4時間分、4時間のフライトは8時間分の疲労を感じるということだ。さらに現地で「気分を変えよう」、「楽しもう」とアクティビティに励めば、確かに楽しくても、それも2倍の疲労。

結局月曜は、出勤したものの体調が悪くなり早退してしまったという。

こういったストレス解消法は、「20代なら良いかもしれないが……」の代表格である。

疲労への最も効果的な対処法は「何もしないこと」

こうした間違ったストレス対処法に陥りやすい人は、「ストレスに対処しよう」、「ストレスをなくさなければ」という考えが強い人だ。

「問題があれば対処しなければならない」という発想をストレスに持ち込んでいることが、そもそもの背景にある。

問題に対処するのは悪いことではない。ビジネスでは基本中の基本だろう。

ただ、**問題の「本質」を正しくつかめていなければ、対処も的外れになる**のは明らかだ。

蓄積疲労がストレスの本質的な問題である場合、対処はだれが考えても「適切な休息」になる。適切な休息とはすなわち、余計なことをしないことだ。

ところが、「問題→なんらかの対処行動」という発想のパターンから離れられない人は、対処を求め、何か特別なことをしたがる。それでさらに疲れてしまうという、負のサイクルに陥りやすい。

特に、ビジネスの世界で「デキる人」ほど、この問題対処法に慣れていることもあり、「疲労」という課題にも、これまでのパターンで対応してしまいがちだ。

しかし、**疲労コントロールとして最も適切なことは「しっかり休むこと」**、すなわち**「何もしないこと」**なのだ。

ビジネス環境が戦場化している現代、ビジネスパーソンは「何もしない休日」に慣れる必要があるだろう。

特にハードワーク気味の人ほど、土日や年末年始などの長期休暇は、「何か楽しいことをしよう」という発想ではなく、のんびりとした時間を過ごしたほうがいい。

しっかり心と体を休ませることが、蓄積疲労という問題の本質的な解決につながるのだ。

戦場の疲労回復の3大手法
――「温かい食事」、「良質な睡眠」、「水分補給」

では、疲労をコントロールするうえで、具体的にどのような休み方が効果的なのだろうか。

ここでも、自衛隊にヒントを見出そう。

自衛隊では、強い精神的ショックを受けていたり、あまりにも疲労が溜まっている隊員がいたら、リーダーは3日間の休みをとらせる。その時、無理に気分転換をさせたり、医療につなぐようなことはしない。まずは、ただひたすら休ませるのだ。

できるだけ温かい食事をとらせ、良質な睡眠がとれるように乾いた寝床で休ませる。

体が疲れている時に温かい食事をとって、体が「ほっ」と癒されるような感覚を味わったことはないだろうか。冷たい食事では食べたものを体温と同じ温度にまで温めなければならず、消化にエネルギーがかかってしまうため、疲れた時は避けたほうがいい。

そして、良質な睡眠。睡眠こそが、疲労回復の要である。

睡眠の効果をめぐるある実験では、8時間睡眠と6時間睡眠のグループをつくり、2週間後にそれぞれのグループを比較した。すると、6時間睡眠のグループでは酩酊と同じぐらいの能力の低下が観察されたという。

「適切な睡眠時間」には個人差がある。それぞれ生活パターンも違うだろうから、一概に「毎日、8時間の睡眠をとれ」と言いたいわけではない。しかし、「しっかりと良質な睡眠をとること」が、疲労回復に極めて効果的であることは、強調しておきたい。

これをビジネス戦場に当てはめるとどうだろうか。

まず、疲れていそうなメンバーがいたら、連続して休める期間を3日与えて欲しい。たとえば、金曜日を休ませ、土日を含めた3日間を確保するといった具合だ。

2日間の休みでは、サザエさん症候群ではないが、どうしても2日目はもうそわそわしてしまうだろう。

しかし3日あると中1日は本当の「休日」にできる。**溜まった疲労を少しでも解消するには、最低限3日の休息が必要**なのだ。

そして休暇の前には、しっかり睡眠をとって体を休める重要性をメンバーに説くことだ。特に40歳以下のメンバーは、休日に「休む」のではなく、「気分転換をする」という方法しか知らない人が多い。せっかくの休日が逆効果とならないように、睡眠や食事の重要性をしっかり伝えておくといいだろう。

3日間でどれぐらい疲労を解消できるかは、年齢や休みを過ごす環境によっても大きく異なる。

ただ、第2段階に陥り始めたメンバーには、まずこれを試して欲しい。

たとえ休みを与えられなくても、リーダーがやれることはある。

なかなか休暇がとれない繁忙期でも、「温かい食事」と「良質な睡眠」を意識的に確保すれば、折れることなく走る力が保たれやすい。

休憩時間の際、おにぎりやパンを片手にデスクで仕事をしているメンバーがいれば、たまには温かい食事をとるために外に連れ出すこともできるだろう。根を詰めている部下に、甘いものや温かいものの差し入れをすることもできる。実際、「リーダーが毎日差し入れをしてくれたおかげで、あのつらい時期を乗り越えられました」というメンバーの声を聞いたこともある。

つまりは、できることをやればいいのだ。

補足すると、戦場では、睡眠と食事に加え、「水分補給」にも注意するように指導される。緊張状態が続くと、水分をとることを忘れてしまい、知らず知らずのうちに脱水症状を起こしてしまうこともあるからだ。合わせて覚えておいて欲しい。

「衣食住」を軽んじてはならない

自衛隊は、なぜ長期で戦える組織なのか。

そう考えていた時、自衛隊の活動では**「衣食住をきちんと整える」**ことがスタート地点にあることに気が付いた。「衣食住」というよりも、**「人が人として生きるための生活のベース」**と言い換えたほうがいいかもしれない。

たとえば災害派遣を行う時、自衛隊は活動そのものだけではなく、隊員をどのように生活させるかについても計画する。

衣食住はもちろんのこと、息抜きやメンタルケアまで考える。そしてそのための人材や資材を現地に送る。

地震や自然災害などの直後に高速道路を利用した人の中には、自衛隊車両の大行列を見たことがある人もいるかもしれない。あれは、基本的には、自衛隊員が自己完結できるパッケージとしての資機材だ。被災者のための援助物資は、他で輸送されている。

よく大規模な災害が起きると、「ボランティアとして何か手伝えることがあれば」と、着の身着のままで被災地に赴く人がいるが、自分の食事や水さえままならないようであれば、残念ながら現地の避難民が一人増えたようなものだ。

気持ちだけで長期戦を戦うことはできない。

水と食料がある。
良質な睡眠をとれる寝場所がある。
シャワーや浴槽で、体を清潔に保つことができる。
清潔な衣服がある。

大便・小便の用を足せる場所がある。

「ほっ」とゆっくりでき、仲間と談笑できる場がある。

離れた家族と連絡をとる手段がある。

ふだん、当たり前すぎて意識することもないだろうが、こういった**当たり前の生活を送れない状況では、ストレスによる疲労が蓄積される一方**である。

自衛隊が「衣食住」などの生活のベースを第一に考えるのは、ふだんは当たり前にあるものが「ない」時のストレスを知っているからだ。

日ごろ、さまざまなシミュレーションで訓練をしていても、人間は食べなければ生きてはいけない。睡眠をとらなければ、まともな思考回路を保つことはできない。見逃しがちだが、清潔なトイレがない状況が長期間続く任務に大きなストレスを感じる隊員は、決して少なくないのだ。

おそらく、この本を読む人の中には、日常的に自分の衣食住を心配しなければならないような人は、いないだろう。24時間食べるものには困らないだろうし、家に帰ればシャワーを浴び、睡眠をとる場所があるはずだ。

しかし、**第2段階になると、その衣食住を確保するためのエネルギーも2倍になり、ついつ**

いおろそかになってしまう。

食事もコンビニ続きでメニューが偏る。帰宅が面倒になり、職場のソファーで横になる。そうした生活では、どうしても疲労回復が滞ってしまう。

もし、引っ越しを伴う異動が行われる際、会社が「社員がこちらに来ているなら出勤させる」というスタンスならば、気を付けたほうがいい。

ただでさえ新しい職場で気を使う。家に帰って疲れ果てて、片付ける間もなく、毎日段ボールの山の中から生活に必要なものを取り出すような環境では、エネルギーの消耗が大きすぎる。十分に片付ける時間をとった後に出勤してもらうほうが、余計な疲労が蓄積されず、仕事の生産性はよほど高まるだろう。

ちょうど本書を執筆している時、週刊誌『AERA』（2016年11月21日号）にコピーライターの糸井重里さんのインタビュー記事が掲載されていた。

「寝食を忘れて働いても健全な人に追い抜かれる」、「ちゃんとメシ食って、風呂入って、寝ている人にはかなわない」と、きちんと休息をとり、健全な生活をベースにもつことの重要性を述べた記事だった。

本書は決して、トップリーダーを目指す人に向けて書いた本ではない。それでも、糸井さんのような何歳になってもトップを走り続ける人々は、生活の基礎をやはり大事にされているのだと感じた。

当たり前の「衣食住」をおろそかにしていては、長く走り続けることはできないのだ。

長期戦を戦うための休憩のとり方

自衛隊では、休憩のとり方にも、かなり注意を払っている。

たとえば軍隊がA地点からB地点へ移動する時、輸送機関や車両が利用できない場合は徒歩移動になる。どんなところにも移動できることが軍隊の特徴のひとつだ。

自衛隊においても、平成26年9月に発生した御嶽山噴火による災害派遣時には、降り続く火山灰で視界が悪い中、麓《ふもと》と頂上を1日で2往復したグループもあった。そういった有事に備えて、重装備、長距離の行軍《こうぐん》の訓練も頻繁に行っていた部隊ならではの活躍であった。

こうした行軍訓練を行う時には、休憩時間があらかじめ定められている。基本は、「50分歩いて10分休憩」だ。

行軍の際にどれぐらいの割合で休みをとればいいのか、米軍が実験を行ったことがある。「1

時間おきに10分の休憩」、「3時間おきに30分の休憩」、「5時間おきに50分の休憩」などのパターンを試したところ、こまめに休憩を挟んだグループのほうが結果として長距離を移動することができたという。

疲労は、蓄積されるほど回復に時間がかかる。これは、疲労が第2段階になれば、回復にも2倍の時間がかかり、第3段階では3倍の時間を要するのと同じ理屈だ。できれば第2段階に達する前に、少なくとも第3段階に達する前に回復させるほうが効率的なのだ。

なお、**デスクワークでは、行軍よりもさらに多くの休憩を挟んだほうが、効率は上がる**という。

ある時間記録アプリのデータを検証したところ、高い生産性をあげているユーザーは52分集中した後、17分休憩しているそうだ。

25分仕事して5分休憩するパターンを3回ほどくり返し、少し長めの休憩（20分間）を入れる「ポモドーロ・テクニック」という時間管理の手法も、多くのビジネスパーソンの支持を得ている。

ところが、実際には責任感が強くて頑張りがちな人ほど、休憩を挟まずについつい長時間働いてしまう傾向にある。

周囲が忙しい時に、休憩をとるのを心苦しく思うメンバーもいるだろう。しかし、こまめに休憩をとるほうが、結果として長期戦を戦うことができるのであれば、**「休憩をとる」ことも仕事のうち**なのだ。

最近は、たばこ休憩というものが職場から姿を消しつつある。以前は、たばこ休憩にかなりの時間を費やしていた職場もあっただろう。しかし、それでも仕事は回っていたのだ。

たばこ休憩の是非はさておき、リーダーは、コーヒーブレイクなど、メンバーがこまめに休憩をとりやすいように、日ごろからチームの雰囲気を整えておこう。

忙しい時ほどこまめに休憩をとることを推奨すべきである。

休憩の時に気を付けるべきなのは、やはり水分補給。いつでも水分がとれる職場ならいいが、そうでない職場では水分補給を指導したほうがいい。

もうひとつ重要なのが、体を動かすことだ。「休むこと＝体を休ませること」と考えるのはいささか短絡的。デスクワークが中心で頭脳労働と感情労働で疲れている時は、少しの運動をすることが血流を促進し、疲労回復に効果的なのだ。

ちなみに、1時間座り続けると、寿命が22分も減り、脳の血流も70％に落ちるという研究結果もある。そんな働かない頭でいくら頑張っても、仕事の効率は決して上がらないだろう。仕事の効率を上げるためにも、積極的な休憩をとって欲しい。

「業務予定表」で、休みを前もって確保する

「貯金をしたければ、生活費の中から余った金額を貯金するのではなく、先に給料から貯金したい金額を別に分けたほうがいい」――これは、よく言われる家計管理の基本である。財布の中にお金があると、ついついムダ遣いをしてしまうから、先に貯金する金額を除き、残った中でやりくりをすべきだという意図に基づいている。

この考え方は休みを確保する時にも、とても有用な手法である。

「落ち着いたら休みをとろう」という考えでは、休み下手の人はいつまでたっても休めない。「お金が余ったら貯金しよう」という思考回路と同じだ。

そこでお勧めしたいのが、「業務予定表」である。これは、年間、もしくは半期、四半期、月間などのスケジュール管理を把握するために用いられる。会社で日常的に目にしている人もいるだろう。

自衛隊でも業務予定表を作成するが、自衛隊のそれは、少し使い方が異なる。単にイベントを並べるだけではなく、そのイベントの前後にかかわる行事や影響をできるだけ可視化する。作業がどのように進んでいるのかがわかる工程表的な役割も果たしている。

たとえば災害派遣のために、ある地域に行くという任務があったとしよう。現地にいつごろ到着すればいいのかを決めたら、逆算し、出発時期を決める。そのためには、「必要な資材をどの時期に発注し、集積するか」、「いつごろ現地の情報を収集し、その情報に従い隊員をどれぐらいの期間訓練するか」など、ひとつの大きな目標のために、それぞれの機能がどの時期までに何をすべきかがわかるようなしくみになっている。

大きな任務を計画し、効率的に進めるうえで、こうした予定表は欠かせないものだ。大きなプロジェクトになるほど、一般企業でも同じようなものを使っているのではないだろうか。しかし自衛隊では、任務は一回きりのことが多い。だからその特性に応じて、小さい部隊でも、しっかり業務予定表をつくり、仕事をまとめ上げていく。

現場では、こうした**業務予定の中に、必ず、部隊の戦闘力回復の期間が組み込まれる**。部隊が任務をこなすと、人は疲れ、食料は減り、装備は故障する。そのダメージをしっかり補わないと、次の任務で本来の力を発揮することはできない。

東日本大震災などの災害派遣においても、この「戦闘力回復」の期間を、いつ、どこでとるかは、指揮官の大きな関心事のひとつだった。

ところが一般的な職場の予定表は、生身の人間が関わるスケジュールというより、会議室の予約レベルになっているのではないか。

「空いているから、予定を入れる」という考え方だ。

第1段階の疲労なら、これで問題はない。疲労は一晩寝れば回復するからだ。しかし、第2段階になると、疲労を管理したスケジュールを組まなければチームは崩壊に近づいていく。

災害派遣と同じように、疲労を回復する期間をあらかじめ確保する必要があるのだ。

日本人は有給休暇の取得率が世界一低いという統計があるが、休暇をとるのは個人の問題と考えていることが、その背景にあるのだろう。

蓄積疲労の第1段階の職場ではそれでもいいとしても、第2段階の職場では、休養管理はリーダーの責任だ。

休んで体調を整えることを「仕事」としてスケジュールに組み込む必要があるのだ。

2月		3月			
3週	第4週	第1週	第2週	第3週	第4週
	修正		プレゼン	契約業務	
絞り込み			交渉		
	販売戦略		会議	販路開拓	
2回モニター募集		モニター調査		アンケート分析	
	会議	分析・検討・資料作成			会議
売戦略	候補地交渉	プレゼン準備	プレゼン	販路開拓	会議
			プレゼン	契約業務	
			プレゼン	契約業務	
	会議	分析・検討・資料作成			会議
	販売戦略		会議	販路開拓	
ト第2回モニター募集		モニター調査		アンケート分析	
2回モニター募集		モニター調査		アンケート分析	
	会議	分析・検討・資料作成			会議
	会議	分析・検討・資料作成			会議
	販売戦略		会議	販路開拓	

▒は、代休、有休の取得週

業務予定表（例）

	1月				2月	
	第1週	第2週	第3週	第4週	第1週	第2
業務A		プレゼン準備		社内プレゼン	修正	
業務B			候補地調査			
業務C			試作品			テスト
業務D		データ分析		会議準備	会議	
プロジェクトA		分析・検討・資料作成		会議	分析・検討・資料作	
プロジェクトB	会議	会議	会議	会議	会議	
課長	会議	出張（候補地）		社内プレゼン	会議	テス
メンバー①		プレゼン準備		社内プレゼン	修正	
メンバー②		プレゼン準備		社内プレゼン	修正	
メンバー③		分析・検討・資料作成		会議	分析・検討・資料作	
メンバー④			試作品			テスト
メンバー⑤		データ分析		会議準備	会議	
メンバー⑥		データ分析		会議準備	会議	
メンバー⑦		分析・検討・資料作成		会議	分析・検討・資料作	
メンバー⑧		分析・検討・資料作成		会議	分析・検討・資料作	
メンバー⑨	会議	会議	会議	会議	会議	テス

さて、ビジネスパーソンが休養をスケジュール化しようとすると、自衛隊がグループ単位で一斉に戦力回復期間をとるのとは異なり、前ページのようにメンバーごとに計画を立て、休暇を入れ込むというスタイルになってくるだろう。

リーダーは全体の業務を考えながら、メンバーの希望を聞き、各自の休暇を最初にスケジュールに組み込んでいこう。

特に疲労が溜まってきたら、この計画的な休暇を厳密に管理しなければならない。大きなイベントやプロジェクトが終了した後は、できるだけ休暇を確保したい。燃え尽きやすいタイミングだからだ。

また、できればメンバーのプライベートの予定（子どもの受験、入学・卒業式、家族旅行、子どもの結婚式など）も把握しておいたほうがいい。

もちろん、大切なタイミングで休暇を取得してもらうという意味合いもあるが、疲労管理の面では別の意義がある。**休暇が休養でなくなる可能性**――プライベートのイベントによって疲労が溜まってしまう可能性――**を考えておく必要がある**からだ。

休暇をとったからと安心してはいけない。プライベートの大きなイベントの後、厳しい仕事のスケジュールを組んでしまうと、メンバーの疲労が一気に悪化するきっかけになりやすいのだ。

「まとめて長期休暇をとる」、「月に1日、こまめに有給休暇をとる」など、個人や組織によっても推奨する休み方はあるだろうが、**「休暇の時期が来たら必ず休ませる」**ことを徹底して欲しい。

「A社の件が気になるので、やはり出社したい」などの希望を聞いていては、きりがないうえ、厄介なことに、本来疲労が溜まっていて休むべき人ほど、不安に駆られて休みたがらない。だからこそ、トップダウン式に休ませることが必要となるのだ。

「休みやすい雰囲気」をつくるには、チーム内の団結力（第5章参照）を高めておくことも重要だ。ふだん、チーム内で情報共有が密にできていれば、お互いにカバーし合えることもあるだろう。

営業担当や渉外担当で、クライアントと何かトラブルが発生している時は、「何かあれば、私（リーダー）がしっかり責任をもって対応する」と伝えて、安心して休ませてあげればいい。

場合によっては、クライアントにその日は連絡がつかない旨をあらかじめ伝えておけばいい。それ以外のクライアントからたまたま連絡があれば、「本日は終日、研修に出ており、電話がつながりません」と伝えてもいいだろう。嘘も方便なのだ。

疲労コントロールは、「放射能対策」と同じ

蓄積された疲労が厄介なのは、それが目に見えないからだ、というのはすでに述べた。「目に見えず厄介なもの」といえば、放射能も同じだ。強い放射性物質を一定数以上、体に浴びることは人体に有害で、死の危険さえある。

その「目には見えないけれども体に悪いもの」を許容量以上に体に浴びないために、原子力発電所の現場で行っているのは、「放射線量の数値の測定と作業時間の設定」だ。原発などの従業員の放射線量の被ばく限度レベルは、一般的な規則においては、年間50ミリシーベルト以内、5年間に100ミリシーベルト以内とされている。

福島第一原発事故の際、作業にあたった隊員も放射能測定器を身に付けていたが、なかなか厳密に管理できるものではなかった。そこで現場レベルでは、危険な場所に行く時間を管理することにした。

労働時間の管理は、放射能と同じように、見えない、感じないステルス疲労をコントロールする手段としては有効だ。だからこそ、公的にも残業時間の制限があるのだろう。

リーダーは、メンバーの残業時間を把握し、可能な限り削減できるよう努めるべきだ。もちろん、本来の業務の量や質、休日出勤や持ち帰り業務も把握したいが、**最低限「残業時間」だけは把握しておきたい**。

特にステルス疲労におかされ、業務効率が落ちてしまったメンバーは、焦りから長時間働いたり、心苦しさから急ぎの仕事はなくても早く帰ることができなくなっていたりすることもある。そういったメンバーには、労働時間に制限を設ける必要があるだろう。

ただし、**杓子定規に残業を規制することは、大きな危険性をはらんでいる**ことを心に留めて欲しい。それがオフィスから場所を変えての、「サービス残業の強制」になりかねないからだ。

現在、政府が後押しする「働き方改革」の時流もあり、残業時間の抑制に取り組む企業が増えている。長時間労働が常態化していると企業イメージが悪く、人材採用にもマイナスに働く。一定時間を超えるような長時間の残業は許可しないケースや、ノー残業デイの導入などで残業時間の削減に取り組む企業も多いだろう。同時に、チームメンバーの労働時間が長いとリーダーとしての管理監督責任が問われるケースも増えている。

しかし、それが行き過ぎた結果として、「残業」とはみなされないサービス残業が常態化しているケースも少なくはない。会社が残業を許可しないから仕方なくカフェや家で仕事をする「持ち帰り仕事」は、会社で仕事をする以上にストレスがかかり、疲労の蓄積を悪化させる可能性が高い。

残業時間が気になるメンバーがいたら、単に規制を設けるのでなく、まずは話を聞こう。体調を確認しよう。そのうえで、本人ができる改善策を一緒に考えるのだ。

その際、リーダーにしかできないことがある。

それはメンバーの「仕事を切る」ことだ。

仕事を切らないまま、残業時間だけ減らそうとすると、「持ち帰り仕事」を招くだけである。

「仕事を社外に持ち出してはいけない」と、いくらリーダーが口酸っぱく言ったところで、責任感の強いメンバーほど、こっそり持ち出して仕事をするだろう。

総労働時間を削減するのは重要なことではあるが、その前に「仕事を切る」ことが必要だ。この順番は決して間違えてはいけない。仕事を切るスキルについては、第3章で詳しく見ていく。

蓄積疲労の第2段階で2年間もちこたえよう

負けないリーダーシップの第一歩として、疲労のコントロールを提案した。

第2段階では負けないリーダーシップを

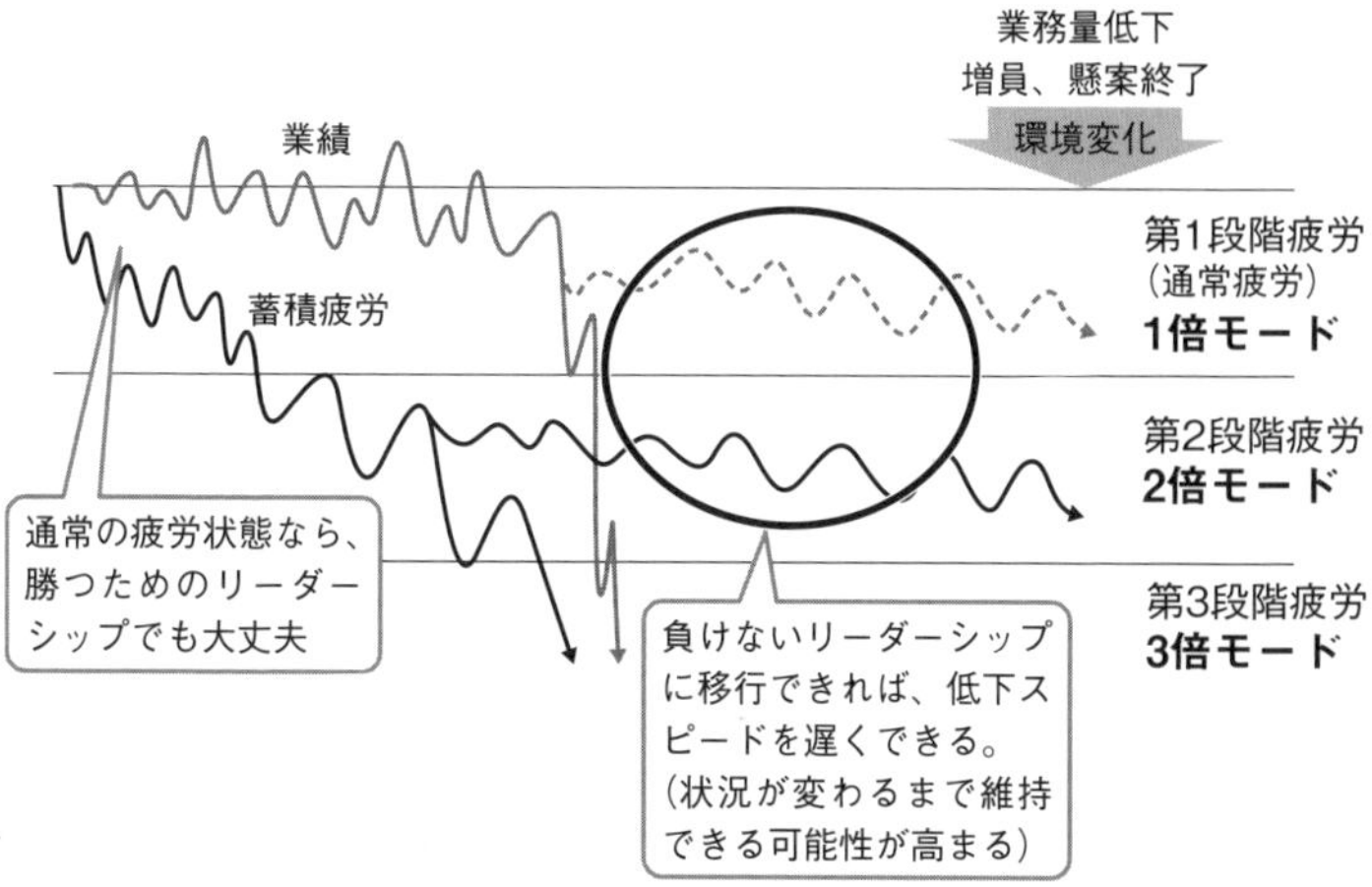

ただ、「厳しい戦いをいつまで続けなければならないのだろう」と不安に感じた方もいるだろう。そこで、本章の最後に、負けないリーダーシップの目標を考えたい。

チームが元気な時なら、成果の目標を立てればいいが、疲労が第2段階に達すると、それは効果をもたない。

不運にも厳しい状態に置かれ、部下の疲弊を感じながらも、業務を継続していかねばならない。どう考えても業績をこれ以上伸ばすのは、難しい状態だ。日常の仕事をこなすのに2倍の負担感があるので、今の仕事量をキープするのが精一杯。じきにそれも難しくなる状態にある。そんな中で、いったい何を目標にリーダーシップをとればいいのだろう。

端的に言えば、**第2段階の状態をできるだけ長く維持する**ことだ。

戦いにたとえれば今は防御、それも厳しい防御のタイミングだ。

防御と聞くと、単に攻撃され打ちのめされる状態をイメージするかもしれないが、そうではない。

防御は、時間を得るための戦術だ。つまり、**耐えている時間に意味がある**のだ。

第2次世界大戦の沖縄戦は、戦闘力からすれば、勝てる見込みの薄い戦いであり、厳しい防御が強いられることは明白だった。ただし、たとえ負けても、そこで時間を稼ぎ、本土決戦の準備を整える——そういう動機で、兵士たちは戦っていたのである。

私たちの置かれた状況は、それに比べれば、展望はまだ明るいのではないか。

今どんなに厳しい環境であったとしても、防御しなければならない期間、折れずに踏ん張って欲しい。そして、なんらかの展開が開けるのを期待しよう。

では、いつまでもちこたえればいいのか。

疲労の第2段階の組織を率いるリーダーたちには、「2年間頑張りましょう」と伝えている。

というのも、2年経てばさまざまなことが変わり得るからだ。

2年間のうちに、企業レベルならば急に需要が増えたり、逆にトラブルが発生し、株価が暴落したりすることもある。個人レベルでは、自分自身や家族の健康に変化があるかもしれない。

もちろん悪いことばかりではなく、ヘッドハンティングされたり、意外な収入があったり、宝くじに当たるなどと、良いこともあるかもしれない。チームにおいても、即戦力が補充されるかもしれないし、会社の中でチームへのプレッシャーが小さくなるかもしれない。

私の経験では、離脱者が出始めるような第2段階の入り口の組織なら、**負けないリーダーシップをうまく発揮できれば、なんとか2年間はもちこたえられる**。

もちろん2年より以前に明確な区切りがある場合は、それを目標にする。

たとえば決算期の○月まで、イベントの成果が表れるまでの3か月間、出向中のメンバーが戻ってくるまで、など具体的な期限があると踏ん張りがきくだろう。

あるいは、リーダー個人の人事を目標としてもいい。「自分がこの職にいるあと1年はチームを崩壊させず、今の業績をなんとかキープする」といった具合だ。

自衛隊の幹部は2年で転勤する。仕事に慣れたと思ったら転勤なので、なんて非効率なシステムなんだろうと思っていたが、カウンセラーとして部下の悩みを聞くようになって考え方が変わった。上司が悩みの種だという部下は多いが、それも最長2年間なのだ。2年間我慢すれば、その上司はどこかへ行ってくれるというのは、部下にとっては希望である。

たとえ近場に大きな状況の変化が期待できなくても、とにかく2年間もちこたえるつもりで頑張ろう。すると、自ずと風向きは変わるはずである。

第3章

Work method of the leader who does not break down

折れないリーダーの仕事2

仕事を切る

疲労の第2段階のメンバーをどう動かすか

前章では、疲労のコントロールについて考察した。疲労コントロールの知恵があれば、疲労の第3段階への低下をなんとか予防する目途が立つ。

しかし、それだけでは不十分だ。

リーダーは、戦闘力がかなり落ちたチームで、なんとか最低限の成果を出さなければならない。しかし、メンバーは第2段階の「嫌な人、ダメな人」だ。そんな状態のメンバーを、どう率いていけばいいのだろうか。

軍隊に関する世界の民族ジョークに、こんなものがある。

「世界最強の軍隊をつくるなら、将軍はアメリカ軍、参謀はドイツ軍、下士官は日本軍、兵は中国軍」

アメリカ人は、総合的、合理的に物事を判断できる。ピンチを乗り越えるユーモアもある。

ドイツ人は、個々人の専門性が高く、ち密に考え、他人の領域を侵さない。下士官（10名程度を率いる小部隊のリーダー）は、小グループの統率がうまい日本人。そして、兵は厳しい環境でも不平を言わず、生き残れる中国人が良い――。

あくまでも、国民性を誇張したジョークで、本当に各国がそうかは、私もよくわからない。しかし少なくとも日本人に関する部分は、非常に的を射ていると思う。

かつての日本軍は、国力やダメージコントロールなどの合理性では一歩遅れをとっていても、戦場での第2段階にある兵士の扱い方は、世界的にも認められていたのだ。

その秘訣がこれから紹介する**「指揮の要訣」**に隠されている。

指揮の要訣に学ぶ「戦場のリーダーシップ」

旧日本軍の強さの秘訣でもあり、現在でも自衛隊で幹部候補を目指す者たちが、最初に叩き込まれるのが「指揮の要訣」である。

「要訣」とは、〝最も重要なポイント、秘訣〟といった意味合いだ。

「指揮の要訣」（抜粋）
指揮の要訣は、指揮下部隊を確実に掌握し、明確な企図の下に適時適切な命令を与えてその行動を律し、もって指揮下部隊をしてその任務達成に邁進させるにある。

そのままだと読みにくいので、私なりにかなりかみ砕いた口語訳にしてみた。

「指揮の要訣」（口語訳）
（厳しい環境での）リーダーシップのコツは、まずメンバーの状態をしっかり把握し、信頼関係をつくることです。
そしてリーダーとして「今何をしようとしているのか」を、しっかり自身で意識して、それを誤解のないよう明確な表現で伝え、伝えただけでなく、メンバーの行動をしっかりコントロールすることで、メンバー全員がチームの目標へのモチベーションを低下させないように配慮することです。

自衛隊で幹部候補を目指す者は、リーダーシップの大原則としてこの「指揮の要訣」を覚えさせられる。

たった数行の短い文章なので、正確にそらんじることが求められた。

しかし、文章が短いため誤解されやすい。実のところ、私も長い間、ほとんどその主旨を十分に理解していなかった。もっと正直に言えば、「古臭くて時代に合わない」と、反発心すらもっていたのだ。

部隊経験を積むにつれて次第にその意味を理解するようにはなってきたが、私が、この「指揮の要訣」を深く理解できたのは、自衛隊初の心理幹部となり、隊員たちの心理的なサポートやカウンセリングを行うようになってからである。

ストレスを抱え込み、カウンセリングに訪れる隊員は、ほとんどが疲労の第2段階か第3段階にいる。36ページにあるように、思考・感情・行動が偏ってきている。

そんな隊員を念頭に置いて、改めて「指揮の要訣」を見なおした時に、非常にしっくりくるものがあった。

戦場では、大きなストレスのために、ほとんどの兵士は、疲労の第2~3段階の状態になっているだろう。視野が極端に狭くなり、自分の生存のためだけにエネルギーを使いたいと考えている。そんな兵士に、組織のために動いてもらわなければならない。

「指揮の要訣」に書いてあることは、そのような状況で大切になるリーダーシップのコツだったのだ。輝かしい功績や大勝利のための戦略ではなく、戦場という厳しい環境の中で、ふつうのことをしっかりやり続け、折れずに、負けずに、戦い続ける組織のためのリーダーシップ論。

そのことに気が付いてから、私の「指揮の要訣」に対する評価は一変した。

これは、疲労が蓄積した組織で応用できる、すばらしいリーダーシップ論だと言える。

「掌握」そして「企図の確立」

指揮の要訣の最初の要素は、**「掌握」**。これは、**メンバーの状態をしっかり把握し、信頼関係をつくること**だ。


現代ビジネス戦場で、まず把握すべきことは、前章で紹介したメンバーの蓄積疲労の状況だ。

メンバーが元気なことを前提としているビジネス環境なら、この掌握はそれほど重要ではなくなる。リーダーは、ビジネスにかかわる外的環境や、上層部の意向などを中心に見ておけばいい。


ところが、疲労の第2段階になると、メンバーの状態に絶えず意識を向ける必要が出てくる。

疲労状態を無視して指揮をとると、リーダーは信頼を失う。

逆に言うと、**疲労に配慮することで、最低限の信頼は確保できる**というわけだ。

さて、ではその次はどうしたらいいのだろう。

「指揮の要訣」は、こんな時、リーダーの決心が重要だと教えてくれる。**リーダーとして「今、何をしようとしているのか」を、しっかり自身で意識し、それを明確に部下に伝えよ**ということだ。

自衛隊では、指揮官が考えていることを「企図（きと）」と呼ぶ。30名ほどの小隊を率いる訓練では、「企図を確立し、明示せよ」と耳にタコができるほど、くり返し、くり返し指導された。

「何をするにも、まずは『小隊は……』と叫んだ、それだけで小隊長の仕事のうち50点は達成できる」と教えてくれた先輩もいた。

まだ考えていなくても、まずは「小隊は……」と叫ぶ。そうすると皆自分に注目する。すると、これから具体的に何をしようとしているのかを必死で考え始めるというわけだ。

「小隊は、これから1350（13時50分）まで休憩をとる！　各人は、1345に現在地（「ここ」という意味）に集合」――たとえばこのような号令をかける。

正直なところ、最初のころは変なルールだと思った。休憩をとるのにこんな号令をかける必要はないのではないか。いかにも体育会系的というか、ただ単に、上下関係を浸透させるための形式的なものだと考えていた。

ところが、実際に部隊を指揮してみると、この企図の確立と明示には、深い意味があることがだんだんわかるようになってきた。

ここではまず、企図の確立のほうから解説していこう。

自分が何をやるかを明確にする

企図の確立。これは、自分が何をやるのかを自分で明確にするという意味だ。

一見、当たり前のことのようだが、実際にやると案外難しい。

というのも、何かをしようとする時、様子を見たり、空気を読んだり、人は結構、優柔不断に考えてしまうものだ。

たとえば、今日は一人で自宅を掃除するとしよう。何をどのレベルまで片付けるかを、最初から明確にする人はあまりいないのではないか。

「まずは特にひどいクローゼット周りを整理しよう」という程度で作業をスタートする。やっているうちに勢いがついて、部屋中片付けてしまうこともあれば、逆に、一つひとつの服にこだわってしまい、ほとんど整理できないうちに疲れ果ててやめてしまうこともあるだろう。

ところが、これをチームでやるとなった途端に状況は一変する。

リーダーが何も言わなければ、メンバーは、自分が今日、何をどこまですればいいのかわからない。あるメンバーはどんどん進むが、違うメンバーはこれぐらいで十分だと感じて作業のスピードが遅くなる。こうなるとチーム全体の作業量が低下するだけでなく、チーム内で不公平感が生まれ、トラブルも起こりやすい。

そこで、**チームで作業をする時は、まずはリーダーが自分の心の中で、しっかりチームの行動のイメージを固め（企図の確立）、それをチームのメンバーにしっかり伝える（企図の明示）必要がある**のだ。

では、ビジネス戦場で、この企図の確立をどう活かせばいいのだろう。

ビジネス戦場で一番注目しなければならないのは、疲労の管理、つまりエネルギー管理だ。

単純に考えると、**エネルギー残量が少なくなったら、それに応じて仕事を減らすしかない**。

だって**「ない袖は振れない」**のだから。

そのためには、仕事の優先順位をしっかり決め、優先順位の低い仕事を切り捨てればいい。

だれが考えても、そういう答えになるはずだ。

ところが、現実には疲労の第2段階になった職場では、それが難しくなる。というのも、第2段階の職場では、今、本当に仕事を切るべき時かどうかが極めてわかりにくいからだ。どうしてもリーダーは様子を見てしまう。

じわじわと進む職場崩壊の流れに対し、リーダーがどう考えて、何をしようとしているのかわからないと、メンバーは自分で自分を守ろうと勝手な行動をするようになる。メンバーの心はどんどんチームから離れ、精神的なつながり、信頼関係も崩壊し始める。

これを防ぐには、まず疲労状態を把握し、そして現状に基づき、リーダーが企図を確立する——つまり**「どの仕事を残し、どの仕事を切り捨てるか」を明確に決心する**ことが必要なのだ。

仕事を切れるリーダー、切れないリーダー

疲労の第2段階にあるメンバーが半数以上になってしまった「第2段階の職場」では、リーダーは、仕事を「切る」という難しい役割を担わなければならない。

リーダー自身の判断により、重要度や緊急度の低い仕事を切っていく。

何をどう切るかというリーダーの能力が問われているのだが、まずその前に**「切れるかどうか」**だ。

会社員が上層部から与えられた仕事や、クライアントから依頼のあった仕事を切る、つまり「やらない」と決断することは、そう簡単でないことは重々承知している。

それは、自衛隊においても同じである。責任感が強い人ほど、やるべき仕事を「切る」勇気はなかなかもてるものではない。

自衛隊には、年間を通じて実施すべき訓練が定められている。燃料や弾薬の使用は予算とも深くかかわるため、平時であれば「訓練すること」が、自衛隊が行うべき「仕事」である。

自衛隊の厳しい訓練風景をテレビで見たことがある人は意外に感じるかもしれないが、隊員にとって訓練はそれほど嫌なものではない。むしろ「好きだ」という者も多い。

平時であれば、自衛隊は「何もやることがない状態」が最も好ましい。暇をもて余すことも珍しくはない。「なんらかのやりがいのある仕事を見つける」、「仕事をつくってあげる」ことが上官のひとつの役割でもあるぐらいだ。

基礎体力をつける地道な運動や機器の整備、駐屯地の警戒業務、書類仕事などの雑事に従事する時間が意外と長い中で、緊張感があり、自衛隊本来の「国を守る組織」という目的を実感しやすいのが「訓練」なのだ。

そうは言っても、東日本大震災のような1000年に一度の未曽有の大災害が起き、災害派遣に参加した隊員が疲れ果てている時、あらかじめ予定された訓練は中止されていると考えるほうが自然だろう。しかし現実には、かなりの部隊でスケジュール通りの訓練が実施されていた。

大きな訓練は通常1週間ほど演習場に泊まり込むことになるが、当然、隊員は不満を訴える。特に東北地方の部隊では、自宅が被災し、家族の安否も確認できないままの隊員たちも多かった。災害派遣で自身も疲れているうえ、自宅や家族の面倒を十分に見る間もないまま、通常の演習で家を空けなければならないのだから、その不満も当然かもしれない。

訓練を継続した指揮官は、日ごろから優秀だと評価されていた人が多かったように思う。決められたことは、どんなに困難でも必ずやらなければならない、そういう信念をもっている人だ。

そんな指揮官の意見はこうだ。

「そもそも年間で決められた訓練は、国防のために少しずつ部隊の力を積み上げていくものだ。

災害があったからと言って、その積み上げを中断するわけにはいかない。もっと言えば、災害があった時こそ、戦略的には仮想敵国が日本を攻撃する可能性が高くなる。自衛隊が変わらぬ訓練を実施し、それを抑止しなければならない。つらいかもしれないが、今こそ自衛隊の底力を示す時だ」

正論である。

一方、隊員たちの状況をおもんぱかって、訓練を中止した指揮官もいた。彼らは、「やるべきことをやっていない」という上層部からの叱責を覚悟しながらも、隊員たちの疲労の回復を優先した。

どちらの判断が正しいとは言い切れない。ただ、当時の私がはたから見て感じていたことは、訓練を続けた指揮官の「理想」はそうかもしれないが、現実に隊員は疲れており、指揮官についていけていないようだった。もし、実際に仮想敵国が攻めてくるようなことがあった場合、演習していた隊員よりも休養していた隊員のほうが勇敢に戦えるような気がした。

余裕がある時は、「理想」を追うのも大切なことだろう。

しかし、**第2段階の職場では、理想を追っていては、疲労のコントロールができないし、部下もついていけなくなる。**

とめどなく流れてくる仕事をいったんせき止め、どれもやらなければいけない仕事だけれども、その中でも優先順位をつけて、できること以外を「切る」、「切り捨てる」勇気をもつことが必要だ。そうでないと疲れた組織はもたない。

ただし、「切る」のは非常に難しい。

先の東日本大震災の事例も、やるべきこと、これまでやってきたことを、やらない、つまり「切る」ことがいかに難しいかを、如実に教えてくれる出来事だった。

切れないのは、リーダー自身が「やり遂げたい」し、部下に「逃げさせたくない」からだろう。この困難を乗り越えて自信をつけたい、つけてやりたいという思いもある。

しかし裏を返せば、**やらないことで責任者として叱責されたり、やり遂げなかったことで自信を失ってしまう不安が大きい**とも言える。だからとりあえず、「やり遂げる」というこれまでの成功パターンを踏襲したくなる気持ちがあるのだろう。

これは、決して悪いことではない。「心が強い」と評価する人もいるだろう。

ただ、このタイプの心の強さが万能であるとは限らない。

頑張って乗り切ろうとする「子どもの心の強さ」

第三者から、「部下が疲れているから仕事を減らしたほうがいい」と言われて、それを素直に受け止めることはできるだろうか。

リーダーシップトレーニングの場で、私が「仕事を切るべき」と主張すると、「できない理由を考えるより、できる方法を考えたほうが良いのではないか」と反発を受けることがある。

もちろん疲労が第1段階のうちは、それも正しい。

しかし、第2段階の時に無理をしても、心身のエネルギーをムダに消耗するだけだ。いいことは何もないどころか、崩壊の時を近づけてしまう。

そう頭ではわかっても、実際の現場でいつの間にかじわじわと仕事が増えたり、「頑張ればなんとかなる」という考えが根強い組織に身を置いていると、「仕事を切る」ことに対する抵抗は相当なものとなる。

しかも、**高学歴で真面目で優秀な人ほど、またその組織で成功している人ほど、「頑張れば**

なんとかなる」という思考回路から離れられない。頑張ることによって危機を乗り切ったり、うまくいったりした成功体験を積んでいるからだ。

私は、この**「頑張って何かを乗り切ろうとする心」**を、**「子どもの心の強さ」**と名付けている。

子ども時代は、修行の時代。大人から「困難から逃げてはいけない」と教えられる。「遊びたい」、「ゲームをしたい」、「眠りたい」などの自分の感情・感覚を押し込め、先生や親が言うとおりに頑張らなければならないからだ。

そんな子ども時代に厳しく「心」を鍛えた人は、目の前に壁があったらそれを乗り越えようとする。ツルツルでのぼりにくい壁でも、なんとか乗り越えようと必死でもがく。

その壁をよくよく見ると、脇に簡単に通り抜けられる道があったとしよう。

それでも子どもの心が強い人は、努力をやめないことが多い。先生や親に「手を抜くなんてとんでもない」と怒られる恐怖があるからだ。

ここで、ひょいっと壁の脇を通り抜けるのが、**「大人の心の強さ」**をもつ人だ。目的が壁の向こうに行くことなら、わざわざ乗り越えにくい壁をのぼる必要はない。

「大人の心の強さ」とは、**適応力の高さ**と言い換えていいだろう。

大人の心の強さをもつ人は、目の前の課題達成にこだわらない。「本当に大切な目的」を見ているからだ。

一方、子どもの心が強い人は、決められたことを着実にやることにこだわる。逆に言うと、これは自分で判断することが得意ではないという側面もある。

なぜなら、子ども時代、たとえば小中学校では、正しい答えはすべて教科書の中にあった。教科書に書いてあるとおり、もしくは先生が教えるとおりのやり方でないと正解ではない。

意識しているかどうかは別として、「自分の中に答えはない」「自分は正しくない」と感じている子どものほうが勉強はスムーズだ。「マイナス×マイナス」が「プラス」になるとか、分数の割り算など、「自分の感覚」を優先させると、いつまでも納得ができず、勉強に苦手意識をもってしまうこともあるだろう。

「子どもの心の強さ」も「大人の心の強さ」も、どちらが良い・悪いという話ではない。どちらも必要なのだ。ただ、どちらかに偏ると問題が生じる。

子どもの強さだけでは、状況に適応できない。逆に結果だけに目が向き、まったく頑張ろうとしない大人は、成長もせず、他人ともうまくやっていけない。**両方の心の強さをバランスよく持ち合わせていることが理想**である。

本書で取り上げているビジネス戦場、つまり疲労の第2段階のチームを率いるリーダーの場合、子どもの心が強すぎるとうまくいかない可能性が高くなる。決められたこと、やれていたことを放棄することが、とてつもなく悪いことのように感じるうえ、自分で「正しい答え」を見出すということに慣れていないため、どうしても仕事を「切る」ことへの抵抗感が強くなってしまうからだ。

しかし現実には、仕事を切らない限り、疲労のコントロールは難しい。**決められたことをやらない勇気、つまり、大人の心の強さが、どうしても求められてくる。**

あなたのチームには、目の前にある課題の先に、もっと大切にすべき目標があるのだ。

「ダム型」のリーダーを目指せ

リーダーが部下たちの疲労を改善することの重要性が認識されにくいのは、たいていの場合、問題が表面化するタイミングが遅れてくるからだ。

第2章で述べた「ステルス疲労（遅発疲労）」の理論だ。

ある指揮官が理想ばかりを追い、あるいは部下の状況をあまり「掌握」せず、無理ばかりをさせていたとしよう。その指揮官が指揮をとっている間（通常は2年間）は、不思議になんとかもちこたえるものだ。ところが、指揮官が替わり、次の指揮官がよく隊員のことをわかってくれる「良い人」だと、人事的なトラブルが表面化することがある。

これまで説明してきた理屈で言えば、2年間は疲労の第2段階でギリギリに保たれていたのだ。しかし、指揮官が交代し、張り詰めていたものが緩むと、本来生じるべきトラブルが表面化してくるのだろう。

この遅発疲労の現象は非常に多く観察されているのだが、いろんなトラブルの責任をとるのは新しい「良い人」のリーダーになる。当の問題のリーダーは、責任を負うどころか、自身がトラブルを引き起こしていることに気付きにくい。

しかし彼（彼女）は、組織全体としての戦力を確実に低下させている。

サッカーでも、退場者が出て一一人が一〇人になった瞬間にガタッと弱くなるが、企業であれば人件費と教育費をかけて育ててきて、ある程度利益を出せるようになった社員が、いい年次でバタバタといなくなることに該当する。それが一人のリーダーに原因があるのなら、本来は断固とした措置をとる必要があるだろう。

退職者をどれほど出してもそこには目をつぶり、売上をあげ、高い目標を常に達成するリーダーを評価する会社は多い。

しかし、**本当にピンチの時に頼りになるのは、本書で述べたように「仕事を切る」ことのできるリーダーであり、部下たちの不安感を最小限にできるリーダーなのだ。**

私はそんなリーダーを**「ダム型のリーダー」**と呼んでいる。

部下たちを疲労させるリーダーは、上からの方針をそのまま部下に押しつける。そうして手柄だけをもっていくから、部下たちからも信頼されない。

一方で「ダム型のリーダー」は、**ストレスをかけるようなことを、自分のところでせき止めてくれる。**

「この部分は自分が背負うから、部下である君たちは、何も悩むことはない」、「自分が指示した仕事だけを、このペースでやればいいいんだ」と、仕事を切り、その意図をしっかり伝えることで、部下を安心させる。

こういう上司の下で仕事ができれば、部下は非常に働きやすくなるだろう。結果的には、厳しい状況を乗り切り、さらにチームの成果を上方修正できる可能性も高まる。

「この人のためなら頑張れる」と思われるのも、そんなタイプのリーダーだろう。

「任務分析」――何を切るかを見極める

ここからは、具体的な「仕事を切る」ための方法論を紹介しよう。

逆に言うと、**何を「切らない」でいるか**、つまり**必要最低限の仕事を選定するための思考法**である。この思考法を**「任務分析」**という。

自衛隊で幹部を目指す者は、任務分析ができなくては話にならない。リーダーの主要業務なのだ（なお、自衛隊では行うべき業務はすべて「任務」と呼ぶ。そのまま「仕事」と置き換えて読んでもらって差し支えない）。

任務分析とは、自分が行うべき任務をどう遂行するかを、決まった思考手順に従い具体的に深く考えることである。

たとえば、こんな具合だ。

自分がリーダーとして、求められている役割は何か？　具体的に指示されていることは何か？　上層部はどう動こうとしているのか？　自分の部下の状況は？　敵の状況は？

そして、使える時間、地域の資源や協力など、さまざまな環境・事情を考察しつつ、自分のチームが達成すべき目標を具体的にイメージしていく。

この際、**「絶対に達成すべき目標」と「達成することが望ましい目標」**を考察するのがひとつの特徴だ。本書のテーマに沿うと、**「負けない目標」と「勝つための目標」の両方を考える**というわけだ。ここにもダメージコントロールの思想が反映されている。


本書のテーマに絞れば、任務分析の主題はこうなる。

「十分ではないメンバーの現時点での力量を考慮して、最低限、何をどうやるかを決める（何をやらないかを決める）」

チームを取り巻くさまざまな環境・事情を考慮し、最低限達成すべき目標は何かを考えていく。この時、チームの疲労が第2段階にあることを忘れてはならない。

つまり、「絶対に達成すべき目標は何か」だけを絞って考え、それを達成するために必要なことだけを実施するのが第2段階のチームが目指すべき目標である。

「必要性」と「可能性」で考える

軍隊で目標を考察する時、**「必要性」**と**「可能性」**の双方から考えることが求められる。

必要性とは、やっておきたいことであり、可能性は、やれることである。

たとえば、軍隊の行動には、大きく攻撃と防御がある。この選択は、通常、必要性から導き出される。占領下にある街を解放したい時、ずっと防御していても、相手が攻撃してこない限り戦闘は起こらない。すると、目的はいつまでも達成できないことになる。だから攻撃する必要がある。

さらに、その作業を細分化して当面の目標を決めていく。

攻撃するためには、いつまでに弾薬や戦車をどれだけ集めるのか、攻撃を邪魔するバリケードをいつまでに撤去するのかなど、やらなければならないことを、一つひとつ具体化していく。

これが「必要性」からの検討である。

上から目標が示され、あるいは自ら大きな目標を立て、それを達成するための下位目標を導き出すというこの思考手順は、ビジネスでもなじみのある思考法だろう。

ただ、守りを固めた敵を攻撃するためには、通常時より3倍の戦力が必要だと言われている。

その戦力がないのに攻撃したら味方が全滅してしまう。これが「可能性」の検討だ。

ビジネスでも、資金などといったリソースの制限については、この可能性検討が重視される。現実には、必要性と可能性のせめぎあいで、実際の行動が決まってくるだろう。

戦力が十分な時は攻撃できても、戦力が低下していれば防御するしかない。街の解放は遅れるかもしれないが、隊が全滅して解放の可能性がなくなるよりはマシだ。

そんな場面では、敵の攻撃をしのぎ、生き残ることが「当面の目標」となる。街の解放は、生き残った後の話だ。

生き残れば、やがて、敵が消耗したり、あるいは援軍が現れたりして、戦闘力が逆転するタイミングが訪れるかもしれない。その時は攻撃すればいい。

このように、行動は、必要性と可能性で柔軟に変更しなければならない。**「やりたい」と「やれる」は別なのだ**。

しかし、「必要最低限の目標を決める」と言っても、上昇志向が高い人は、つい物事の「必要性」を優先して考えがちだ。

最低限度の仕事、と考えてはいても、「あれは外せない、これもやったほうが良い、これだけは継続しなければ……」と、結局、仕事はほとんど残ってしまう。

使える資源（人、物、金）に余裕がある時は、それでもいいだろう。

ところが、**厳しい状況下で生き延びるには、今ある資源でできることは何なのか、つまり何が可能なのかという可能性を重視しなければならない局面が訪れる。**本書で問題にしている「人」について言えば、**疲労の第2段階のメンバーで何ができるか、**という発想だ。

具体的にはこう考察する。

まず、やりたいこと、やらねばならないことリストを優先順に並べる。これが必要性の検討だ。

次に、リストの下のほうから「第2段階メンバーがほとんどのこの職場で、どこまでできるか」を検討していく。これが可能性の検討である。

単に、項目として「できる」、「できない」で終わるのではなく、この項目はどうしても「必要」なのだが全部は難しい。ただ、この部分なら「できる」。この「レベル」ならできる、そういうギリギリの分析をしていくのが、ビジネスにおける任務分析になる。

仕事の内容は上が決めるものだから、自分がそんな作業をする必要はない。また、自分たちだけでは決められないという意見もあるだろう。

その発想から抜けられない、つまり子どもの心が強すぎるリーダーは、疲労の第2段階のビジネス戦場では、なすすべもなく沈む時期を待つしかない。

何のために、リーダーとしてのあなたがいるのだろう。

上層部は、必要性と可能性について、大きな分析をする。そして下部組織に、目標を付与する。

ただ、下部組織では、「現実」と直面しなければならない。現場では上層部が考えているようには動けないことが多いからだ。

だからこそ、そこにリーダーを置いている。**現場に応じて、上層部の意図をくみながら、現実とのバランスをとってしぶとく業務を進めることが、現場のリーダーに求められている**のだ。

可能性を見積もる「3分の1の法則」

可能性を考えるといっても、「第2段階の職場」の力を、どう評価すればいいのだろう。

第2段階の職場（ビジネス戦場）とは、メンバーの5割以上が疲労の第2段階にある状態だと定義した。かろうじて業績は維持しているものの、それは形だけ。いつ崩壊するかもしれない状況だ。

そんな職場のリーダーのために、私は、**「3分の1の法則」**を提案している。

第2段階の職場では、メンバーは、業務をするのに通常の2倍、疲労してしまう状態だ。気力だけでなんとかもっている。

疲労の蓄積を止めるには、まずは「通常の2分の1程度の仕事しかこなせない」と考えるべきだが、それだけでは不十分である。

疲労の第2段階は、一晩寝ても70％ぐらいしか充電できない電池のようなものだ。70％の2分の1なので、実際の**「これ以上、疲労をためずに継続的に勤務できる力（可能性）」**は、本来の力の35％、少しの予備をとって、**約3分の1**と見積もるべきなのだ。

そのわずか3分の1の業務量でも、1日でほとんどのエネルギーを使い切る。つまり「いっぱい、いっぱい」の状態になってしまう。

「3分の1では何もできないじゃないか」という声が聞こえてきそうだが、これが現実だ。だから疲労の第2段階は「戦場」なのだ。


その少ない戦闘力で何ができるのか。何を切り、何を残すのか。それを決めることが、リーダーに求められている。もし、あなたの職場が一〇人だとしたら、三人で何ができるかを考える。それが今のあなたの職場の「可能性」に他ならない。

実は、**疲労の第2段階になった時点で、戦略上は負け戦**なのだ。

夢のない言い方かもしれないが、第2段階になると、知恵を絞って必死にコントロールし、メンバーが最大限努力しても、ただ「切れそうな細い糸をつなぐ」ことぐらいしかできない。厳しい防御戦のようなものだと割り切って欲しい。

しのいでいるうちに状況が変わって、なんとか第2段階から回復できるまで生き延びる。それが、リーダーに与えられた使命なのだ。

もちろん、会社や個人の仕事に対するスタンスによっても判断は変わってくるだろう。

メンバーは歯車で使い捨て。メンバーが倒れようが――極論すれば過労死しようが――結果を出せばいい、やり遂げるしかない、と考える人もいるかもしれない。ただ、その発想が「極端」で「時代に合わない」ことは冷静なビジネスパーソンならだれでもわかることだ。

それでも、ビジネス戦場に立つリーダーには、そう感じ、考えざるを得ない場面が少なくないのは確かである。

子どもの心の強さの問題もあるが、それだけではない。すでに気が付いている読者もいると思うが、**リーダー自身が、疲労の第2～3段階にあり、もはや冷静な判断ができなくなっている可能性がある**のだ。

リーダー自身の疲労およびダメージコントロールについては最後の章にまとめるが、自分自身の判断が合理性を欠いている可能性があること、さらに自分自身の疲労をコントロールするためにも、仕事を切ることが欠かせないという点は記憶に留めておいて欲しい。

組織の戦力を分析する

チーム全体の可能性を正しく評価するには、メンバー一人ひとりを正しく把握しなければならない。また、全体の仕事量を切るだけでなく、個人に与える仕事も、その人のキャパシティーに応じて、切らなければならない。

本当に力のある部下なら、自分で勝手に「切る」作業をするだろう。しかし、それは不安と責任を伴う。有能なリーダーなら、それを自分が背負い、部下の心理的負担を軽減させ、部下がつぶれる確率を下げようとするはずだ。

ここで特に注意しなければならないのが、次の二つのケースである。

①明らかに戦闘力が落ちているメンバーが厳しい指導を受けているケース

「皆頑張っているのに、あいつだけ弱音を吐いている」と評価され、「甘やかせては彼（彼女）のためにならない」、「他の者に示しがつかない」などと、疲れが溜まっているメンバーについ厳しく当たってしまっていないだろうか。

皆がイライラしているので、いじめやパワハラのような状態に陥ることもある。

ところが、実際にその人がつぶれ、脱落すると、サポートのために少なくとも二人が割かれることになる。元気なチームなら十分支えられても、疲労の第2段階のチームは、自分のことだけでも必死な状態だ。他人を支える余裕はないだろう。しかし、仕事はやらなければならない――こうなると、チームは崩れ始めていく可能性がある。

つまり、離脱者を出さない配慮が必要なのだ。

ちなみに、かつて武力戦闘では殺傷力のある武器が求められたが、今は少し違う。相手の兵士を即死させるのではなく、ケガをさせる程度の武器が用いられている。

なぜだかわかるだろうか。

ケガをした兵士は、それを助ける兵士とともに後方に下がる。つまり、即死させるよりも敵の兵力を効果的に低下させることができるのだ。もちろん人道上の配慮もあるが、敵の兵力を削ぎ、機能不全に陥らせることが勝利であることを考えると、むしろ戦術的な意味合いが大きいと言える。

②チームの稼ぎ頭が人知れず第2段階に陥っているケース

疲労の第2段階は、苦しいものの、それを表に出さないことができる。これを「表面飾り」と呼んでいるが、優秀な人ほど上手に表面を飾る。仕事ができる人は自己管理もできるはずだという期待がある。だから、リーダーにとって、盲点となりやすい。

また、第2段階に陥った職場ではメンバー全員が徐々に力を失っていくが、そこを補うのは優秀なメンバーだ。優秀なメンバーは、仕事をセーブするどころか、逆にいつもより負担が大きくなっている。

そんな人が、疲労の第3段階に落ち、離脱したら一体どうなるだろうか。

残ったメンバーが引き継ぐ業務の負担は格段に大きくなり、それがチーム崩壊を招く致命的なダメージとなりかねない。

部下の何を「掌握」するのか？

掌握とは、「知ること」と「信頼を得ること」だが、まずは知ることが前提となる。

個々のメンバーについて、リーダーが日ごろから最低限知っておくべきものとして、ざっと挙げるだけでも以下のようなものがある。

これらは、すべて「どの仕事を、どれぐらいそのメンバーに担当してもらうのが効率的か」を決めるうえで必要な情報だ。

これらのうち変化が激しいものは、継続的に情報を得なければならない。**健康状態や疲労度、集中力、やる気、業務のボリューム、進捗状況、トラブル、プライベートのトラブルなど**だ。なお、責任感、自信、不安感などは変化のないものだと思うかもしれないが、じつはかなり疲労の影響を受ける要素である。

リーダーは、職場での言動や仕事の進捗状況からこれらの変化を確認していく。

とは言え、四六時中部下に張りついて仕事ぶりを見ているわけにもいかない。また、面

【部下の何を掌握するのか？】

・現在の担当業務のボリューム、進捗状況、トラブル
・集中力、やる気
・健康状態、疲労度
・仕事や人間関係についての価値観、それに関連する過去の経験
・こだわりや柔軟性
・責任感、自信、不安感
・得意な仕事、苦手な仕事
・好きな仕事、嫌いな仕事
・居住地域、通勤時間、家族構成
・プライベートのトラブルの有無
・趣味、ストレス解消法

と向かって直接的に質問しても、表面的な答えしか返ってこないこともあるだろう。

特に、仕事や人間関係についての価値観、それに関連する過去の経験、過去の大病、プライベートのトラブルなどは実際のリーダーシップに大いに影響する要素だが、なかなか話題にできないテーマだ。

そんな時には、**「人生曲線」**のようなコミュニケーションツールを使うこともひとつの手だ。

人生曲線とは、横軸に時間（年齢）と自分の人生に影響を与えたイベントを記載し、縦軸にはその時の幸せ度（満足度・充実度・モチベーションの高さ）の上下を波線で記入していくものだ。

この作業をチームメンバーと共有する中で、それぞれの経験や価値観、思いの強さ、どんなストレスをどう乗り越えてきたのか、あるいはまだ引きずっているのか、などがわかる。

このツールを使う時のひとつのコツは、まずはリーダー自身がやって見せることだ。

メンバーだけに内面を開示させるのは不公平で、メンバーにも抵抗があるだろう。リーダーや仲間が全員同じ条件で話すからこそ、これまであまり話題にならなかったことも話せる。

まず、リーダーから始めることで、メンバーも、どういうことを書いたり発言したりすればいいのかがわかり、話も弾みやすい。

また、だれでも人には話したくないこともある。グラフの細部を質問されても「パス（答え

人生曲線（例）

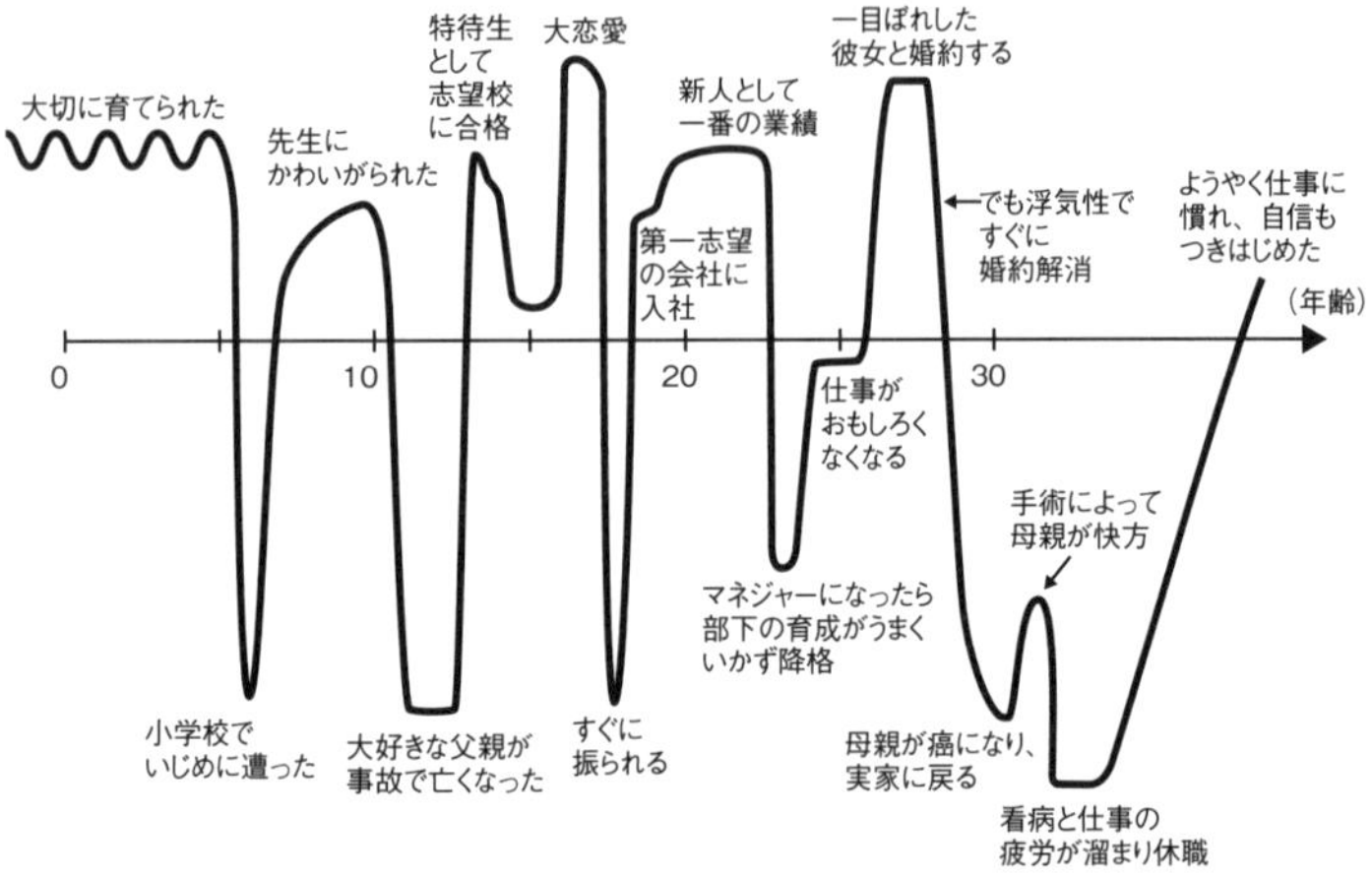

【人生曲線利用時の注意点】

・できればメンバー全員、難しければ四名程度のグループで行う
・まずはリーダー自身がやってみせる
（メンバーとリーダーが同じ条件で話す）
・話したくないことは無理強いしない
（「パス（話さない）」というルールをつくる）

ない)」してもいい、というルールでやるといい。

四人ほどのグループでやるなら、30分で済む作業だ。

チームの相互理解のためなら、宴会を開くより短い時間で深い情報交換ができるだろう。

部下の変化を把握する(ストレスチェックの活用)

皆が元気なら、メンバーの状態をここまで神経質に確認する必要はないかもしれない。ただ疲労レベルが高まった職場では、現状を把握しながら、チームを運営していくことが求められる。

先ほど挙げた「変化の激しい要素」の中でも、メンバーの疲労度チェックは、リーダーにとって欠かすことのできない仕事だ。疲労度、すなわち健康状態は集中力ややる気に直結し、メンバー間の人間関係にも大きな影響を与える。

単純に仕事の割り振りを行おうとする時、どうしても人は「カタログスペック」で考えがちだ。

たとえば、野球選手で最速150キロオーバーの剛速球を投げられる投手でも、肩を故障している時は同じ戦力ではない。しかし現実には、メンバー個人の戦力を考える時、「いつもの彼ならこれぐらいの仕事量でも大丈夫だろう」、「彼女は、去年もこれぐらいの仕事をやってくれていた」、「これぐらいこなしてくれないと一人前とは言えない」と、どうしても過去の実績や必要性からくる期待を基準にしていないだろうか。

「いつもの部下」や「こうあるべき」ではなく、現時点での第2段階の部下が、一体どれぐらいの実力をもっているか、まずは冷静に把握しなければならない。

そうは言っても、健康状態について部下に直接聞いても「大丈夫です」、「元気です」といった答えしか返ってこないケースもあるだろう。優秀な部下は特にそうだ。

第2段階のメンバーは、「まだまだやれる」、「これは乗り越えるべき課題」という気合から自分の不調を否定していることが多い。しかし、心は騙せても、体や言動は騙せない。そのサインはさまざまなところにちゃんと表れてくる。

リーダーは、特に36ページに挙げるようなサインに注目して欲しい。

会社員の場合、最近「ストレスチェック」なるものを受けた人もいるかもしれない。

労働安全衛生法の改正によって、平成27年12月から、従業員50人以上の事業所には、年に一度、全従業員に対しストレスチェックを実施することが新しく義務付けられた。「余計な仕事が増える……」と感じる人もいるかもしれないが、「メンバーの健康状態を掌握・ケアするリーダーの仕事をサポートしてくれるもの」と考えれば、極めて有用なツールになりうる。

ストレスチェック制度では、リーダーが個々のメンバーの結果を直接知ることはできない。しかし、メンバー自身が、ステルス疲労などを客観的に把握できる機会を与えてくれる。また、その会社のしくみによっては会社に知られずに、メンタルヘルスのサポートを受けることもできる。

さらに、リーダーには職場全体に対するアドバイスをしてくれる。

ストレスチェックを行う時期には、メンバーにはぜひ「この制度をうまく活用してほしい」ということを伝えよう。

そしてそれを機会に、メンバーと5分でもいいので個別の面接をして欲しい。

「第2段階に陥ったメンバーの特徴」は、観察しただけではなかなか把握できないものも多い。しかし、1対1の面接の場で改めて聞いてみると、案外いろんなことを話してくれることがあるのだ。

もし仕事やキャリア(転職)、私的トラブルの話など、少し複雑なテーマになったら、別に時間をとってしっかり話を聞こう。

その際に重要なことは、相談に乗りつつも、そのメンバーの疲労度も把握することだ。「そんなにいろいろ考えていたら、眠れないんじゃないか」とか「食事はとっているのか」など、体調に関する質問をして欲しい。体調だけのストレートな質問には答えないメンバーでも、話を聞いた後なら、「じつは最近眠れないのです」と素直に答えてくれることも多いだろう。

「鍛える、乗り越えさせる」にこだわらない

疲労の第2段階の職場において、苦手な業務に悪戦苦闘しているメンバーがいたとしよう。「これを乗り越えなければ、将来の部下のためにならない」などと本人もリーダーも意固地になっていることがあるが、この場合、どのように対処すべきだろうか。

先に結論を言うと、**第2段階の状態で、あえて不得意な仕事を担当させる必要はない**。思い出して欲しい。

「大人の心の強さ」は、不必要に壁をのぼろうとする力ではない。もっと先にある大切な目標に向かい、柔軟かつ合理的に到達しようとする力のことだ。

何をするにも通常より2倍の負担感を抱いてしまう状態で、ふつうでも負担を感じる「苦手

な業務」をやるということは、単に疲労を増やすだけの結果になる。成功の確率も低くなり、部下の自信もつきにくい。単にリーダーのこだわりを具現化するだけの、まったく合理性に欠ける配置だろう。

メンバーの疲労が蓄積している場合、よほどの不都合がない限りは苦手な業務から外すべきだ。

「鍛えること」は、疲労度が少ない時に行えばいい。

なお、見落としがちだが、それなりのパフォーマンスを発揮しているけれども本人が嫌悪している業務も、疲労レベルが高い間はできれば外したい。メンバーのエネルギー消耗が激しいからだ。

逆に、本人が口先では「嫌いだ、苦手だ」と言ってはいても、それほど疲労を蓄積させず、難なくこなしているようなら、本人の言う好き・嫌いについて、そこまで配慮する必要はないだろう。

これを見極めるためにも、部下がどの業務を行っている時に疲労度が上がっているかを、日々注意深く観察したい。

仕事の担当換えに関しては、リーダー自身の管轄を超えることもあるかもしれない。その場合でも、チームの状態について権限をもつ上司に訴えることはできる。

メンバーが消耗しつくす前に、早々に環境を変えてあげて欲しい。それが、本人にもチームにも、組織全体にとっても良いことなのだ。

「仕事を切る」4通りの方法

これまでの手順で **「必要最小限の仕事を選ぶ」** ことができるリーダーは、問題ない。

ただどうしても選ぶことができない人は、**「やらないことを決める」** というアプローチのほうがうまくいくかもしれない。

もし、どうしても進行中の仕事をストップさせることができなければ、せめてそれ以上仕事が増えないようにコントロールする。社内の状況やチームが達成すべき目標、メンバーのキャパシティー、それぞれの仕事に必要とされる時間などを考慮して、切るべき仕事を切ろう。

トラブルが発生し墜落しそうな飛行機は、無事に着陸するために燃料さえも捨てる。それぐらいの危機感と覚悟をもって、「切るべき仕事」を見極めたい。

仕事を切る4通りの方法

①仕事を丸ごと切る	・シンプルに「この仕事はやらない」と決める ・丸ごと切れる仕事があれば、それをすべて切ってしまうのが、わかりやすく余計な手間がないため、一番お勧めしたい
②仕事の完成度を下げる	・グランドピアノをつくるような精巧さで挑むのではなく、「とりあえず音が出ればいい」など、最低限到達すべき目標を決める方法。必要以上に完成度を高めることは目指さない ・「どの程度の完成度で良いか」を、仕事ごとに明確に指示しなければならないため、リーダーの負担は増える
③一定の時間で切る	・仕事にかける時間を区切る ・ただし、与えられた時間でギリギリまで完成度を高めようと、仕事を自宅に持ち帰るなど無理をしすぎるメンバーが出てくる可能性もあり、諸《もろ》刃《は》の刃になり得るので注意が必要
④延期する	・切ることも、完成度も下げられない仕事なら、仕事のスケジュールを先に延ばす選択肢を考える ・メンバーが倒れてしまった時や完成レベルを担保できない時などは、「ダメで元々」だとしてもこの交渉を必ず行う

「仕事を切る」方法は、おおむね121ページの4パターンが考えられる。

大原則としては、あくまでも①の「仕事を丸ごと切る」である。仕事の完成度を下げたり、一定の時間で切ったりするのは、あくまでも苦肉の策だと考えて欲しい。

増員は必ずしも有効な解決策ではない

「切る」のは難しいので、個人の仕事量を減らせばいいと増員を考える人もいるだろう。

確かに、増員は必要な手段のひとつだ。

ただ、現実にはうまくいかないケースも多い。

というのも、増員した人に「教える」という新たな負担がのしかかってくるからだ。

上層部は、「増員で対処しました」と涼しい顔をしていても、現場では、ただでさえ忙しいメンバーが新人教育までこなさなければならなくなり、いっそう疲れ果ててしまうこともある。

しかも悪いことに、人数が増えたことで、仕事量を増やそうとする可能性もある。また、ピンチはチャンスとばかりに、増員を機に新たな仕事のやり方にチャレンジさせようとするケースもあるかもしれない。

これも、疲労の第1段階の元気な時なら、前向きで素晴らしいアイディアかもしれない。しかし、現場では、新人教育に加えて、新しい仕事のシステムづくりという負担が増す。疲労レベルは高まるばかりで、第2段階の職場では、多くの場合、失敗に終わるだろう。

負け戦では攻勢しても、成功しにくい。**長期戦を生き残るためには防御を第一に考えて、守る地域を狭くするしかない**のだ。

「適時性」を重視する

自衛隊で受けた教育の中で印象深かったもののひとつに、「適時性」の重視がある。指揮官をサポートする幕僚（作戦等の立案・実施に際して指揮官を補佐する幹部のこと）の心得として、「適時性（間に合うこと）」、「先行性（早めの着手）」、「並行性（多方面にまんべんなく気を配ること）」、「完全性（完成度を高めること）」の四つを教えられる。いずれも、組織を動かす時には重要なことだと、頭では理解できるだろう。

しかし、実際にこれら四つを実行するのはとても難しい。

だからこそ常に意識しておくべき、「心得」となっている。

特に難しいのは「適時性」だ。

たとえば、敵が攻めてくるとしよう。どこから来るかを分析しようとすると、さまざまな可能性が考えられる。深く分析すればするほど、あれもこれもと心配になり、新たなデータをそろえ、考察する。これは、研究や受験勉強的で「完全性」にこだわるやり方だ。

幹部になりたてのころは、真面目に仕事をしようと、「完全性」を追求しがちだ。そして、食事をとらずに一生懸命作業していると、先輩からこう言われる。

「間に合わなかったら、ただの紙クズだからな」

実際にそのとおりなのだ。いくら完璧に分析しても、その分析を活かすだけの準備時間がなければなんの役にも立たない。それより、不十分でも少しでも役に立つ情報・考察を、タイムリーに提出したほうがずっといいのだ。これが「適時性」を重視したやり方だ。

四つの心得のうち「適時性」が最初に出てくるのは、それが最重要視される項目だからだ（前のページを見なおせばわかることだが、「完全性」は最後だ）。

「適時性」は、「完全性」への囚われに気付かせてくれる。

仕事を切れない理由も、「完全性」を少しでも崩すと、すべてが崩壊してしまうような気がするからではないだろうか。

もし、時間がなかったら何をするだろう——そう考えてみて欲しい。

106ページに紹介した3分の1の法則を、時間換算するのもいいだろう。

もし1日に2・5時間しかなければ、どんな仕事を選択するだろう。

たとえば、最近よく見る「時短レシピ」。本来は○○してから○○するべき、とたたき込まれ、その手間を惜しむと料理はおいしくできないと教えられているが、時短レシピは、電子レンジや出来合いのものを取り入れて、おいしい食事を、より手軽に、効率的に楽しむ発想だ。「手間をかけるべき」というのも、ひとつの思い込みなのだろう。

同様に、疲労の第1段階の時にやっていたことでも、よくよく考えると省略できたり、それほど完成度にこだわらなくてもいい仕事もあるはずだ。それを見つけ、省くのも、やはりリーダーの仕事なのだ。

「やらない勇気」をもつ

「小隊長、ただ決められたとおりにやるだけなら、陸曹でもできます。小隊長はいりませんよ」

これは、私が防衛大学校を卒業し、小隊長になりたてのころに、上級陸曹から言われた言葉だ。上級陸曹とは、いわゆるたたき上げのベテラン隊員だ。

命じられたことは忠実に実行しなければいけないと、気合を入れていた私の頭にガツンと響いた言葉だった。

決められたこと、命じられたことを、ただ実行するだけならだれにでもできる。命じられた仕事（もしくはクライアントに依頼された仕事）があっても、適宜状況を判断し、「やるべき・やりたい」（必要性）と「できる」（可能性）のはざまで、企図を確立し、明示するのがリーダーの役割なのだ。

チームが崩壊しないために必要と判断したのならば、命じられたことに対してやらない勇気をもとう。

どの仕事を切るべきか。

それを一般化して、具体的にアドバイスをするのはとても難しい。

ムダな社内業務が多い組織、無理難題を押し付けてくるクライアント、組織が置かれている環境、チームメンバーの戦闘力……これらの状況によって、切るべき仕事は変わってくる。

「こういう対処をしておけば絶対に安心」、「こんな仕事は切ってもいい」と安易に決めつけることはかえって危険なことである。

そんな中でも言えるのは、組織が疲弊して、崩壊の予兆が見られるなら、リーダーは「仕事を切る勇気」をもたなければならないということである。仕事を切ることは、チームひいては、リーダー自身が折れないために、絶対に避けては通れないのだ。

チーム全体の業務を俯瞰しながら切るべき仕事を決めることができるのは、リーダーだけだと理解して欲しい。

ここまで、折れないリーダーの仕事の二つ目の要素として、「仕事を切る」ことを述べてきた。「仕事を切る」ことが現実的な問題解決法であり、そこからスタートしなければチームの破たんが近くなる。

「仕事を切る」には、メンバーの仕事量を物理的に減らすことに加え、もうひとつ重要な効果がある。

それは、**メンバーの精神的なエネルギーの消耗を省ける**という効果だ。疲労が蓄積したチームにとっては、こちらのほうが重要かもしれない。

仕事量が個人の限界を超えると、人はどうしても仕事ができなくなる。結果だけを考えると、仕事を「切る」のと同じように思えるかもしれないが、メンバー個人にとっては、まったく意味合いが違う。

こなせなかった仕事に対して、「やるべきことをやってない、やれていない自分」を意識し、自分を強く責めてしまう。この自責は、多くのエネルギーを消耗させることになる。

その葛藤を、チームメンバーの多くが負うことになると、チーム全体としてのエネルギーの損失は非常に大きくなる。

しかし、**リーダーが「仕事を切る」ことで、こうしたエネルギーの損失を最小限に留めることができる**のだ。

「切る」には苦痛が伴う。だからこそ、チームがピンチの時に、リーダーがその責任と決断を担って欲しい。

リーダーとして、少しばかり高い給料をもらい、上の立場として偉くしていられるのは、こうした時のためなのだ。

第4章

Work method of the leader who does not break down

折れないリーダーの仕事3

伝える

指揮の要訣が情報伝達力を強調する理由

86ページで紹介した指揮の要訣が示す「部下の掌握」をビジネス戦場に当てはめると、「疲労しているメンバーの状態を把握すること」と読み替えられた。次の「企図の確立」は、「仕事を切ることをリーダーがしっかり決心する」と読み替えた。

その次に来るのは、「企図の明示」だ。

リーダーが、ある方向性を心の中で決めたら、それを明確に部下に伝えなければならない。

これも、一見すると当たり前のことのように聞こえ、何がどう重要なのかピンとこないかもしれない。

そもそもリーダーの役割は、目的を達成できるようにチームを率いることだ。

今、何を目的として行動しているのか。そのためのメンバー一人ひとりの役割は何か。リーダーはそれを明確にし、伝える必要がある。「伝える力」は、リーダーシップに必要不可欠な基礎力のひとつだ——が、これは、何も自衛隊に限ったことではない。当たり前のこととして、どのリーダーシップの本にも書いてあることだろう。

しかし、軍隊の知識は、多くの尊い命の犠牲のもとに集約されてきた知恵である。指揮の要訣が一見当たり前のことをわざわざ強調しているのには、深い意味がある。

ひとつは、戦場では一般的なビジネス環境よりも情報伝達の重要性が非常に大きくなるからだ。もうひとつは、戦場では、情報伝達が急に難しくなるからだ。

「重要になるのに難しくなる、だからしっかりやりなさい。そのコツは、命令と号令を使うことです」という意図で書かれたのが指揮の要訣の知恵なのだ。

ここで挙げた「戦場」は現代の「ビジネス戦場」と読み替えられるし、もちろん実際に応用がきくものだ。中身を解説していこう。

戦場では情報伝達がより重要になる

戦場では、リーダーの伝える力＝情報伝達力が、平時に比べて格段に重要になる。

その理由は、第2段階の疲労が、兵士の情報処理能力を低下させるからだ。

厳しい環境の中で命が脅かされる危険にさらされ続けていると、人は次第に消耗していく。

元気そうに見えたとしても、ほとんどは疲労の第2段階にあると考えていいだろう。

第2段階になると、まず意欲が低下する。自分で何かを見つけて、改善していこうという気力が低下し、指示待ちになりやすい。その一方で、思考力も低下するので、十分に考えないで行動してしまうこともある。

だから、**クールなリーダーが、戦闘のために必要な情報を頻繁にアップデートし、兵士に今何をすべきかを思い出させる必要がある**のだ。


さらに、**疲労の第2段階になると、感情が過敏になり、偏った情報処理を始める**という点も考慮しなければならない。

疲れてくると、弱った自分を守ろうという本能から、**不安、焦り、怒り、不公平感などの感情が大きくなる。そして、そうした眼鏡をかけて世の中を見るようになる**のだ。

たとえば、自分たちの部隊は見捨てられるのではないか、自分だけが危険な任務を与えられているのではないか、自分だけがつらい仕事を押し付けられているのではないか、自分だけが食料配給を忘れられているのではないか、自分だけが仲間外れにされているのではないか……

常にそんな感情に苛まれ、周囲を警戒しながら生活するようになってしまう。

こういう精神状態では、なんでもない情報が、危険な情報に見えてしまう。

たとえば、そんな偏った思考をする兵士たちの中で、一人がトイレに行くために少し後方に下がったとしよう。無言で行ったために、他の兵士は「○○がいなくなった」、「殺されたのだ」、「反撃しなければ皆やられてしまう」と誤解し、必要のない戦争が始まってしまうこともある。日中戦争のきっかけになった盧溝橋《ろこうきょう》事件は、これに似たような経緯で始まったと言われている。真偽はともかく、そういうことが起こり得るのが戦場なのだ。

これは兵士同士のコミュニケーションの問題だが、リーダーとメンバーの間では、さらに重大な問題になりかねない。

リーダーは、仕事を与える立場である。戦場なら「死の危険性のある任務をだれに与えるのか」を決定するのは指揮官の役割だ。

もし指揮官が、ある兵士に「例の件、よろしくな」と曖昧な指示をしたらどうだろうか。指揮官の真意としては、少し前に話題になっていた住民への説明を依頼しただけのつもりでも、指示を受けた兵士は、「明日の作戦の際、一番危険な任務を与えられてしまった」と受け取り、パニックになる可能性がある。

あるいは、「この件は、隣の部隊にもお願いしておく」と聞いた兵士は、「だったら自分がやらなくてもいいということだな」と、自分に都合のいいように解釈することもあるだろう。

こうして文章にすると、笑い話のように滑稽で矛盾した話に読める。だが戦場では、ほとんどの者が疲労の第2段階。合理的な思考はできなくなっている可能性が高く、無意識のうちに自分の命を守ろうとする。危険があれば、いち早く察知して避けようとし、偏って情報を受け取ってしまうことが常態なのだ。

そんな兵士の周りに確固たる情報がなかったらどうなるだろうか。

危険を察知しようにも情報が十分にないとなれば、なんとかそれを補おうとするだろう。すると、自然と根拠のない噂が広まってしまう。

現代では、インターネットを通じてさまざまな情報が流れてくる。噂のバリエーションも広がるスピードも、10年前に比べて格段と大きく、そして早くなっていることは、東日本大震災の際に飛び交ったさまざまなデマ情報を思い出せば納得するのではないか。

たとえば戦場で、「自分だけ不公平に扱われているのではないか」という被害妄想をもって噂を聞くと、自分たちを守ってくれない（ように感じる）国や、自分を不当に扱おうとしている（ように感じる）上司や同僚に、あるいは厚遇されている（ように感じる）他の部隊などに、憎しみがわくだろう。ただでさえ敵に警戒してエネルギーが消耗しているのに、**情報不足によって味方にまで敵意をもち、警戒しなければならなくなる。それでは、個人のエネルギーの消耗は加速し、チームの団結も崩壊しやすい。**

こうした状況を予防するために、指揮官は、平時よりさまざまな情報を提供しなければならない。しかも、わかりやすく、頻繁に、である。

ただ、それが難しくなるのも、戦場、つまり疲労の第2段階の組織の特性だ。

戦場では情報伝達がより難しくなる

戦場で情報を伝えることが、より重要になるのはおわかりいただけただろう。

しかし、現代はさまざまなツールがあるし、情報を伝えるのはそれほど難しくないのではないか。ましてや本当の戦場でもないビジネス環境で、そんなに情報伝達にこだわる必要はないような気がする。朝礼、文書配布、緊急時のメール、SNSなど、伝えるべきことはちゃんと伝えている。必要な情報伝達はできている——そう思っている方もいるかもしれない。

確かにそうした側面もあるが、それは、疲労の第1段階の組織での話だ。

通常なら、リーダーがその気になれば、さまざまなツールを使って情報を流すことができる。仮にそれが不十分でも、メンバーは元気なので必要な情報はそれぞれが得て、各自がその信頼性を判断できる。

ところが、本書で想定している第2段階の組織では、様相が異なってくる。

つまり、第2段階になると、急激にリーダーからの情報が伝わりにくく、流れにくくなるのだ。

それには、四つの理由がある。

情報伝達が難しくなる理由1：疲れると誤解が生じやすい

疲労が蓄積されると、人の集中力や理解力は低下する。だから、言い間違い、聞き間違いが増えてしまう。たとえ正しく伝えていても誤解が多くなるのだ。

平時ならば、言った、言わないというトラブルで済むが、軍隊での誤解は、それがそのまま生死に直結しかねない。

そこで、こうした誤解、情報の行き違いを予防するため、自衛隊ではさまざまな手段が講じられる。

まずは、メモを取ること、取らせること。

私が防衛大学校に入った時には、メモを取ることを厳しく指導された。楽しみにしていた外出も外出前の所持品チェックで手帳をもっていなければ許可されないほどだった。

また、上官の命令や号令、伝達事項などを、そのまま一言一句違わずに復唱させるのも軍隊式の伝え方の特徴だ。

「復唱」させることにより、相手がちゃんと内容を受け取ったかを確認することができるし、命令を受けたほうも頭の中でもう一度整理し、記憶に定着させることができる。

また、疲労が蓄積し、集中力や思考力が低下するのは、何も兵士だけでない。指揮官も同様だ。そこで、部下たちが指揮官に情報伝達する時も、できるだけわかりやすく伝えるように指導される。

自衛隊では、どんなに複雑な事項でも、A4一枚にまとめている。できる限り図式化し、ひとめで要点が理解できるような資料をつくるように鍛えられるのだ。私もかつて情報幕僚をしていた時、ある国の暴動を、その背景から、事象の細部、今後の予想までを紙一枚にまとめなければならず、大変苦労した記憶がある。

情報伝達が難しくなる理由2：リーダーも疲れている

リーダーからの情報提供が難しくなるのは、**リーダーも疲れている**からという側面も大きい。
というのも、本当にリーダーがしっかり情報を伝えようとすると、まずは自分で情報を取りに行き、それを分類・整理し、自分なりに理解しておかなければならない。次に、伝える相手の立場を想像し、相手が今どんな情報を欲しがっているのかを考え、最後に相手の理解力に応じて、伝える量や質やタイミング、方法、言葉選びなどを考慮して、伝えることになる。

このように、「情報を伝える」とひと言で言っても、実際にはかなり複雑な頭脳労働をしなければならないのだ。

しかし、戦場では、リーダーも疲れている。だから、無意識のうちにどうしてもこの頭脳労働を省きたくなってしまう。

「すでに皆には一度、伝えていることだから」
「言わなくても、わかることだろう」
「わからなければ、向こうから聞いてくるだろう」

「あまり頻繁に口を出すと、部下も嫌がるだろうし」

「明確でないことを伝えると、逆に混乱するかもしれない」


こういう言い訳をして、つい情報提供をなおざりにしがちだ。

しかし、疲労の第2段階では、伝えないことがトラブルを招く。わかってはいても、疲れたリーダーは「それでもなんとかなるだろう」となかなか行動に移せないことがあるのだ。

情報伝達が難しくなる理由3：リーダーだけ情報を得て安心してしまう

「疲れている」とは違う理由で、リーダーが積極的に情報伝達をしないケースもある。

何かトラブルが起こったとしよう。当然のことながら、リーダーのところには情報が集まる。はじめはリーダーも情報を渇望するが、ある程度の情報が入ってくると、それで個人的に安心してしまうのだ。そして、自分が安心すると、情報を部下に伝えなければならないということを忘れてしまう。

こんなケースがあった。

ある職場で30歳の社員が社員寮の共同トイレで亡くなっていた。彼が直前に大きなプロジェクトに関わり、大変苦労していたこと、彼の直接の上司がかなり厳しい指導をしていたことなどから、「彼は自殺してしまったのだ……」という噂が社内で広まる。中には、「問題の上司がいる組織では、もう働けない」と退職を希望する者も現れていた。

しかし、私が職場のリーダーに聞くと、「医師の診断は、突然死です。自殺ではありません」という答え。リーダーには、死亡の翌日には知らされていた事実だった。

それなら、その事実を社員にすぐに伝えるべきだった。

しかし、リーダーは、職場のトラブルが原因の自殺ではない、と自分だけが安心し、それを部下に伝えることを忘れてしまっていたのだ。彼の中ではすでに終わったことになっていたのだろう。

情報伝達が難しくなる理由4：間違えた情報を伝えて非難されたくない

先のトイレの突然死の話には、続きがある。

私が「では今からでもいいので、そのことをぜひ社員に伝えてください。皆さん、それで少しは安心できると思います」と提案すると、彼は拒んだのだ。

「自殺でないとは、断言できません。万が一の事態に会社や私に責任が及ぶ可能性があります。また、不正確な情報を流すと、逆に社員が混乱するかもしれません」

これが彼の言い分だった。

彼の言葉にも一理ある。自分や会社を守りたいという気持ちも理解できる。ただ、同僚が突然亡くなり、「自殺かもしれない」、「パワハラが原因だ」、「自分はなぜ自殺から救ってあげられなかったのか」と怒りや自責の念で夜も眠れず、自信と気力を失い退職しようかと考えるほど追い詰められている社員は、明らかに本書で言う疲労の第2段階の状態にある。

社員たちは、「今回のことについてリーダーが何も言わない」という事実を、「言えないことがあるからだ」と解釈していたのだ。


疲労の第2段階の特性を理解しているリーダーなら、誤った情報を伝えることで自分が非難されるというわずかな危険性より、情報がないことにより誤解が広がる危険性を重く捉えるだろう。

そして、たとえ完璧に正しいとは言えない情報であっても、それを「リーダーが明言する」ことで、部下を安心させてあげることを選択するだろうし、リーダーはその覚悟をもつべきだ。

疲労の第2段階の職場では、情報伝達の重要性が増し、一方で、それが非常に難しくなることは理解していただけただろう。

これは視点を変えれば、**第2段階では、情報をうまく伝えることでストレスを増やさないようにできる**ということだ。

もちろん、これ以上の疲労を増やさないために「仕事を切る」ことは前提となる。しかし仕事を切っても、それだけでは第2段階のメンバーに襲いかかる疑心暗鬼によるストレスの増加を抑えられない。そこで、適切な情報の提供が鍵を握るというわけだ。

では、具体的に何に気を付ければいいのだろう。以下では、その基本として軍隊の「命令下達」というパターン化された「情報の伝え方」を見ていく。

情報を効果的に伝えるパッケージ——「命令」と質問、シミュレーション

陸上自衛隊では、小隊長（ビジネスでいえば、30人程度を束ねる課長クラスの役職だと考えていいだろう）は、チームを率いる時、事あるごとに隊員を集め、命令を下達（伝えること）する。

命令に含められる情報は大きく分けると**「①全体状況」**、**「②チームの任務と行動方針」**、**「③個々人の役割」**、**「④生活関連事項」**の4点だ。その後に**「⑤質問・確認」**と**「⑥シミュレーション」**が続く。このパッケージで情報伝達を確実にする。

どんなにリーダーが疲れて集中力を欠き、あるいは不安や恐怖で視野が狭くなっていても、必ずこの項目で情報収集し、考察し、企図を確立し、伝えていく。すると、部下にとっても必要な情報が提供されるしくみになっている。

それぞれについて説明しよう。

①全体状況

まず、現在地(ここ)がどこかを、地図と現地で確認する。たとえば、敵に関すること、国民や政治の動向、味方の部隊に関すること、交通や気象に関すること、それらの時間経過による変化について、自分のチームの任務にかかわる範囲で要点を端的に伝える。

②チームの任務〔なんのために(目的)、何をするか(目標)〕

組織全体でこれから何をしようとしているのか、他チームはどのような任務を行うのか、その中で自分たちのチームはどのような任務を行うのかを明確にする。

たとえば、「わが隊はA橋を防衛する」だけでは、なんのために、いつごろまでに、どのように防衛すればいいのかわからない。しかし、「上級部隊は、来月○○町を解放するために、××に移動する。その際の通行を確保するためA橋をゲリラの破壊テロから守る」という流れが理解できると、A橋防衛の意義が理解できるし、予想される敵に対し何を準備すればいいかもわかるだろう。万が一なんらかの理由でA橋が壊れたとしても、代わりになるB橋を防衛するという機転も利く。

じつは、このような目的は、ひとつの作戦の間にそれほど変化するものではない（先の例なら数週間は変わらない）。それでも、命令の際は毎回、目的を確認するのだ。というのも、**疲労の第2段階の人は、総合的な視野に欠けてくるので、今やっていることをただ盲目的に続けるだけになってしまう恐れがある**からだ。

たとえば、この隊がA橋を守るために検問を設けていたとしよう。橋の防衛が本来の目的であるはずなのに、次第に、通行人が危険物をもっているかをチェックすることだけのために、その場所にいるような錯覚を起こしてしまう。すると橋が自然災害で壊れかけていても、その情報を上層部に報告しなくなるかもしれない。上級部隊の重機が通れなくても、検問には支障がないからだ。

ばかげた話に聞こえるかもしれないが、第2段階というのはそういうものである。だから、命令のたびに、目的の確認はくり返されるのだ。

③個々人の役割

チームの目標をどう分担するのか、つまりチーム内の各人の任務を伝える。

おわかりのように、この部分が一番重要な情報である。何をし、何をしないか、それをだれに担当してもらうかという内容であり、前章で触れた「企図の確立」の内容を各人に明示する項目でもある。

これは、疲労の第1段階のいわゆるふつうの職場でも重要なのでイメージはしやすいだろうが、第2段階になると、それ以上に気を付けなければいけないことがある。

まず、明確に示すことが欠かせない。

「よかったら、○○しておいてください」という曖昧な言葉では、第2段階のメンバーには伝わらない。**時間や量などの具体的な指標を示し、言い切る**ことが必要だ。

たとえば、10名ほどを指揮する班長が一人ひとりに任務を付与する場合、「A2曹、（と呼びかけると、A2曹が「A2曹」と復唱する。点呼みたいなもの）、A2曹（上位者）は、C2士（下位者）を指揮し、0730に本部から小隊の昼食を受領し、現在地（ここ）に集積（もって来い）せよ」という具合だ（言葉が特殊でわかりにくく申し訳ない）。

ここで、**チーム全員を集めて一人ひとりに命令する**というのもポイントだ。

他人の仕事など聞いている暇があったら、その時間で仕事を片付けたほうが良いのではないかと思うかもしれないが、それは、疲労の第1段階における発想だ。

第2段階では、前述のように不公平感が非常に強くなっている。一人ずつ個別に任務を与えると、「きっと他の奴は楽な任務をもらっているはずだ」と疑心暗鬼になってしまう。

たとえば、B2曹は、昨夜急きょ対応しなければならないことがあり、睡眠をとれていないとしよう。そんな時、班長が、B2曹に「午前中は睡眠をとれ」と命じる。

これを皆の前で理由が伝わるように命令すれば何の誤解も起こらないが、一人ずつ命令を行った場合はどうだろうか。任務中の別のメンバーが、眠っているB2曹を見かけたら、「自分たちだけ働かされている」と強い不公平感をもってもおかしくない。こうしたムダなエネルギーの消耗を避けるためにも、全員を集めて一人ひとりに命令するのだ。

④生活関連事項

次にくるのは、生活関連項目だ。ここで述べるのは、衣食住に関すること、手紙などや娯楽に関すること、指揮官に会いたい時の連絡方法（指揮官がどこにいるか）などである。これは任務を継続するうえで、非常に重要な情報だ。

緊張すればするほど、任務に関係のない情報を伝えることはなおざりになりがちだが、たとえば「今日は加給食（お菓子のようなもの）の配布がある」という情報を、自分だけ知らされていなかったら、その隊員はどう思うだろうか。たったそれだけのことでも、食料配給に限りがある状況では、やる気はかなり低下し、教えてくれなかった上司や仲間にかなりの不信感をもつかもしれない。

⑤質問受け・確認

以上がリーダーからの伝達内容だが、これで終わりではない。この後に必ず「質問受け」と「確認」をする。

ここでは、班長が「質問」と言うと、だれでも質問していい。たとばこんなイメージだ。

Ａ２曹が声を上げた。

「中隊に下がっているＤ３曹の食事はどうすればいいでしょう」

ケガの治療のために上級部隊に送られた隊員の食事の件だ。

「Ｄ３曹は明日まで中隊にいる。彼の分はいらない」と小隊長が答える。「了解！」とＡ２曹。

「質問受け」が終わったら、班長は今伝えた内容を隊員がしっかり理解したかを、二～三人に「確認」する。

「C2士、昼食受領の時間は?」

C2士は、メモを確認しながら「0730です!」と答える——こんな具合で進む。

⑥シミュレーションにより今後の見通しを示す

必要事項を伝え、質問で確認した後、余裕があればシミュレーションを行う。具体的には、地図上などで、全体の流れを把握しながら、段階ごとに各人の動きを確認し合うのだ。

陸上自衛隊の班クラスの任務なら、メンバー10名ほどが集まって地面の上に砂や石ころなどを使い、多少立体的な砂地図をつくることになる。そこに、各隊員を表すコインなどのコマを置いて、今日の任務をシミュレーションするといった具合だ。

シミュレーションの目的は、下達された命令の内容を具体的に理解し、より現実的に調整するためのものだ。

しかし、それ以上に心理的な効果もある。**疲労の第2段階で、過敏になっている隊員は、与えられた任務に不安をもつ**ものだ。

その不安は具体的なものというよりも、「難しそうな任務だ。うまくいかなかったら死ぬ。だれも助けてくれるはずはない。たとえ生き延びても、皆から責められる」といった、漠然と悲惨な結果の想像をくり返しているだけのことが多い。

そんな根拠のない不安なイメージにとらわれた隊員でも、皆と一緒に具体的にシミュレーションをすることによって、チームや自分がやるべきことが明確になる。そして何がどう難しいのかもわかり、対策をイメージできるようになる。仲間の行動も読めるので、信頼感もわいてくるだろう。シミュレーションを終えるころには、ようやく心理的パニックから抜け出し、比較的冷静に自分の仕事に集中できるようになるのだ。

命令下達はしつこいほど頻繁に行う

この「命令下達」、陸上自衛隊が活動する時は、じつに頻繁に行われる。毎日必ず一度は命令下達があるし、状況が変化している時は、日に3~4回実施されることも珍しくない。活動のひとつのプロセス（たとえば、A地点からB地点まで全員が移動するなど）が終わるたびに皆が集まり、そこで次の命令を出し、また復唱し、実行し、再び命令を受けて——と、それはもうしつこいくらいに企図の明示と命令、確認のための復唱をくり返すのだ。

各国の軍隊も同じようなやり方で仕事をしている。集中力の低下した第2段階の兵士でも、危険な任務が実行できる万国共通のしくみなのだ。

ビジネスの世界で、リーダーがこれほど頻繁に情報提供をしている組織はないのではないだろうか。会議をやったら、「後はよろしくね」で、部下に一切を任せてしまうことが一般的なように感じる。

「結果さえ出せばいい。だから、そのプロセスはできる限り一人ひとりの部下に任せるべきだ」そうしたリーダーシップの形もあるのだろうが、少なくとも疲労が第2段階になってしまった組織には通用しない。

「たとえ疲れていたとしても、自分の組織は、戦争をしているわけではないので、いわゆる『全般状況』や『任務』はそれほど変わらないのではないか。そんな頻回の情報伝達なんて煩雑なことをするのは、忙しい部下の時間を奪うのではないか」という反論があるかもしれない。

確かに、よほどの緊急事態でもなければ、状況の変化はそれほど激しくないだろう。週に一度の短い会議で十分かもしれない。

ただ、ここで強調したいのは、蓄積疲労の第2段階が悪化するほど、情報の重要度が増すということだ。**皆で情報を共有する機会が多いほど、「折れる」可能性を少なくできる。**

イラクに派遣された約五〇〇人の隊員に情報共有を図るのは、難しい仕事だった。

しかし、そこでは毎日、全員を集めた朝礼が行われ、トップが直接情報を伝えていた。現場のリーダーを通じて伝える方法もとれただろうが、伝言ゲームでは情報が変わりやすい。そのため、隊のトップが直接伝える方法をとっていた。そこまでの配慮をしても、さまざまな誤解が生まれ、感情が乱れ、余計なエネルギーを消耗していた。それが第2段階の職場なのだ。

第2段階の職場では、単なる業務遂行のためだけに情報提供があるわけではない。**「安心のため」**、**「人間関係維持のため」**に必要なのである。

「チーム」を1台の車にたとえると、リーダーは運転手のようなものかもしれない。舗装道路では最低限のハンドルさばきでいい。方向さえ合っていれば、後はそれぞれのパーツ（＝メンバー）の頑張りで、目的地に着くことができる。

ところが、険しい山道や悪路になったらどうだろう。アクセルとブレーキ、シフトチェンジを多用し、時には止まり、時にはタイヤにチェーンを巻きながら進まざるを得ない。悪路の時こそ、ブレーキ、アクセル、タイヤなどの役割を担うメンバーに対し、頻回に「今こういう状態だから、こうする。アクセル頼むよ。ブレーキはこのタイミングで、タイヤはチェーンを外して」と指示を出す必要が出てくる。

ビジネス戦場は、長距離を走るダカール・ラリーのようなものだろう。外見上そんなにひどい悪路ではない場面でも、すでに各パーツは擦り切れている。いつエンジンの調子がこれ以上悪くなるかわからない。ブレーキが壊れるかもしれない。シフトは変わりにくくなっているし、タイヤはひとつパンクしている。

無事にゴールするためには、まず各パーツの現状をいつもより丁寧に把握しなければならない（掌握）。そして、運転手（＝リーダー）は、このパーツの状態で、今は、どういう走り方をするのかをしっかり決め（企図の確立）、それを各パーツに事あるごとに伝えていく必要がある（企図の明示）。そうでないと、アクセルは、自分だけがこんなに酷使されているのではないかと疑心暗鬼になり、必要以上に消耗していくかもしれない。

状況が厳しくなればなるほど、部下からしてみたら「しつこい」と思われるほど頻繁にリーダー自身の企図を明示し、部下への情報提供を行って欲しい。それが、チームの寿命を伸ばすことになるのだ。

時には行動で示すことも

災害現場で働く人のメンタルヘルスも私の専門のひとつであり、その関係で消防士の方々との付き合いも多い。

消防士は、一刻を争う現場で命がけの作業を行うが、若い隊員ほど現場の雰囲気にのまれて、パニックになるという。目の前でメラメラと炎が上がり、サイレンが鳴り響き、煙や焦げる臭いが立ち込める現場を想像すると、冷静でいられないのも頷ける。

ただ、パニックのままで作業に取り掛かっても、目の前の炎だけに意識が向き、結果的に効率の悪い消火活動になってしまうことが多いそうだ。

だから、消防士のリーダーは、まずは隊員を落ち着かせなければならない。

そのひとつの方法として、「火消は、火事場の火でたばこをふかす」というエピソードをある消防隊員が教えてくれた。

江戸時代の火消が、現場に到着する。若い火消が慌てふためいている。少し上の先輩が「落ち着け」と言っても、「落ち着いていられますか」と反抗されるのがオチだろう。

そんな時、火消の長老を見ると、やおらたばこを取り出し、飛んできた火の粉でたばこをつけ、ふかし始める。それを見た若い火消は、長老が落ち着いているなら、慌てることはないんだと、長老の指示を待てる余裕ができる。

ひとふかししながら、状況をよく観察した長老は、たばこを消して、的確に指示を始める——。

当然、今の消防士がそういうことをするわけではないが、リーダーが背中で落ち着きを演出して見せることの大切さを教えてくれる話だった。

この話をすると、いつも山本五十六の「男の修行」を思い出す。

苦しいこともあるだろう。
云いたいこともあるだろう。
不満なこともあるだろう。
腹の立つこともあるだろう。
泣きたいこともあるだろう。
これらをじつとこらえてゆくのが男の修行である。

男性であろうと女性であろうと、リーダーは時には、やせ我慢をしなければならないことがある。

リーダーも人間だから、怖かったり、不安だったりするだろう。ところが、疲労の第2段階になると、過剰な不安や疑心暗鬼に襲われるメンバーは、それまで以上にリーダーを注目するようになる。

そこで、何も語らず、ただ不安そうな顔をしていれば、メンバーは勝手にネガティブな想像を膨らませ、余計に個人を守ろうと殻に閉じこもるようになるだろう。

だからこそ、**怖くても、不安でも、せめてメンバーの前では落ち着いた様子を見せなければならない**のだ。

疲労の第2段階で示すべき「背中」とは

ただ、この「背中で示す」や「男の修行」を、どんな場面でも適用しすぎてはいけない。「リーダーたるものは、組織に不平を言わず、つらさを乗り越え、先頭で仕事を引っ張るべきだ」「男の修行」を読んでそう考えたのだとしたら、いささか早合点だ。

疲労の第1段階の職場ならその態度が正解だが、第2段階になると、少しアレンジが必要になる。

第2段階の職場では、リーダーは責任感や仕事の進め方よりも、疲労のコントロールを背中で示したい。というのも、**疲れた職場で難しくなるのは、チームを引っ張ることよりも休ませること**だからだ。

だから、できるリーダーほど、日々蓄積される疲労のコントロールを意識的にメンバーたちに伝え、疲れたら自ら率先して休養をとってみせる。

たとえば、連日連夜、働き詰めで疲労も極限にまで達しているチームがある。メンバー全員がいっぱい、いっぱいだ。そんなメンバーに、リーダーは「休めよ」と口では言いながら、どんどん課題を与え、自らも、深夜まで仕事をバリバリ続けていたとしよう。上司がそんな調子では、メンバーたちはたとえ今日の仕事にひとくぎりついても残業を続けるしかないだろう。

このチームはどうなるだろうか。

確かに成績は社内でトップクラス、一目置かれる存在となるかもしれない。しかし内実を見ると、入ったメンバーが次々と辞めていくような問題部署となる。

賢明な会社であれば、こんなリーダーをそれ以上の重職に引き上げることは避けるだろう。

軍隊が戦場を移動する時の行軍で、一番理想的なのはリーダーが先頭に立って引っ張る形だ。体力もあり、スタミナもあるリーダーの後ろをついていくのであれば、メンバーたちは安心できる。

しかしメンバーたちはやがて疲労し、リーダーのペースについていけなくなる。やがて遅れる者が一人、二人と出てきて、全体の列が伸びてくる。これが疲労の第2段階の状態だ。

いずれ、これ以上伸びたら隊列は分断し、挫折する者も出てきて組織としての戦闘力が弱くなる——そんなタイミングが訪れるだろう。

この時、優秀なリーダーは、先頭で引っ張るのをやめ、部隊の一番後ろにつく。そうやって皆を励ましながら、全員がついてこられるペースを保つ。これで戦闘力は維持されるのだ。

遅れるメンバーを「だらしないやつら」と切り捨て、先頭を切って目的地に着き、上層部から早い到着をほめられても、実際に動く時に必要な戦力がなければ、当然「ダメなリーダー」と評価されることになる。


ビジネスでも、皆の疲労が第1段階なら、リーダーは自分のすごさを誇示し、全力で突進していくのもいいかもしれない。しかし常に全体の健康度や疲労度を把握し、ペースを調整できる意識とスキルをもっておくことが必要だ。

このペースはまさに上の立場の人間が自身の行動で示さなければならない。疲労コントロールの重要性をメンバーに伝えたら、それをまずリーダーが実行してみせなければいけない。

「指揮の要訣」に、「部下の行動を律し」とある。**「休め」と企図を明示することも大切だが、もっと重要なのは、実際に休ませることだ。**「休め」と言っただけでは休めないメンバーもリーダーの休む姿を見ると、自分も安心して休めるようになる。リーダーの背中の見せどころだ。

情報がないより「間違えた情報」のほうがまし

どんな状況であっても、いや、厳しい状況であればあるほど、メンバーに対して情報を開示することが重要だとくり返し述べてきた。

しかし同時に、こんな思いが浮かんだのではないだろうか。

「部下に伝えられる情報があれば、伝えたい。だけど、会社の方針がまだ示されていないから、自分に伝えられる情報はない。自分だって不安なのだから、部下にも我慢して欲しい」

特に組織の中間管理職としては、こう考えるのは自然だろう。

これも私が、新米小隊長の時の話だ。

例（125ページ）の上級陸曹から、「今後の予定はどうなっているんですか?」と質問された時、今後の予定については何も聞かされていなかった私は、「まだ聞いていません。未定です」と答えた。

「小隊長（＝著者）、それでは部下はついてきませんよ。我々は、やることがわかっていたら、必死でやります。我慢もします。でも、予定が全くわからなければ、気合も入らないし準備もできないじゃないですか。予定を示すのが小隊長の役目ですから、しっかりしてください」

そう詰め寄られた。

ハイ、とは答えたものの、「だって、まだ上がわからないと言っているのに、自分が勝手に決められない。逆に、適当なことを言って準備されて、それを非難されてもかなわない」とふてくされていた。

しばらくして、彼がまた、「予定を示してもらえますか」と聞くので、「上級部隊が何を考えているのかわからないのだから、不確定な情報を伝えることになってしまう。それでは、かえって皆が動揺するのではないか」と言ったところ、彼は次のように答えた。

「リーダーは自分（＝部下）たちよりも、多くの情報をもっているんです。たとえ今後どうなるかわからないことであっても、自分たちよりも情報をもつ立場として、何かしらの尺度を示して欲しい。確定じゃなくてもいいんです。そうすることで私たちは落ち着けるのですから」

「私たちは落ち着けるのですから」という言葉を聞いた時、彼のこだわりが納得できたような気がした。

彼が情報を求めていたのは、落ち着き、不安を和らげるためだったのだ。それが本当であるかどうかは二の次だったのだ。

私自身は、正しいことを伝えなければいけない、間違ったことを言ってはいけない——そうした思い込みを抱いていたが、人を率いる時はメンバーの心の安定にも配慮しなければならないということを知った経験だった。

このことは、後にカウンセラーとして多くの第2段階の人のケアをしたり、悲惨な出来事にあった職場のサポートをしたりする中で、さらに顕著に感じるようになった。

第2段階の人は、情報がないことでいっそう不安になる。特に「今後の予定」は、残り少ない貴重なエネルギーをどう使うかという死活問題にかかわる情報だ。そんな重要な情報が全くないのであれば、きわめて危険な状況（たとえば今から途方もなく忙しくなる状態）を前提に生活しようとしてしまう。すると、不安は余計に大きくなるし、残りのエネルギーを使いたくないと、必死に作業を避けようとするだろう。

一方、なんらかの情報があれば、見通しが立てられるため、こうした切迫感は薄くなる。

また、職場で自殺や事故死があった場合も同じように考えて欲しい。

先のトイレでの突然死の事例とも重なるが、職場としては、「正しい情報しか提供できない」という思いから、遺族に対しほとんど情報を提供しないことが多い。

隠すという積極的な意図があるわけではなくても、下手に情報を提供して「これは本当ですか」と詰め寄られたり、訴訟などでその情報が職場に不利になるように使われたりするのを恐れるのだろう。しかし、多くの場合、「(結果として)情報を伝えない」という態度に遺族は反感をもち、不信感を募らせる。

私がサポートに携わる時は、「情報は最大限、すぐに家族に提供してください」とアドバイスしている。重要なのは、伝えるかどうかだ。正確な情報かどうかだけにこだわる必要はない。**「何も伝えない」というのは最悪の選択肢である**ことを覚えておいて欲しい。

とは言え、でたらめな情報をただ流しているのでは、その訂正に追われ、これも信頼を失い、仕事が増えるのも事実だ。

メンバーに対して指示を行う場合も、説明なしのリーダーの「朝令暮改」は、厳しい状況であるほどメンバーの生存本能を刺激し、疑心暗鬼を掻き立てる。

そこで、このように伝えてみて欲しい。

基本的には、現状を伝え、明確でない部分は、情報の制約事項とともに、リーダーの個人的な予測として伝える。

先の私が小隊長だったころの例であれば、「来月の予定は、未定**(現状)**、ただ、中隊長と話している印象だと、うちの小隊には、○○の整備が命じられるのではないかと考えている**(個**

人的予測）。最終的には、来週の会議で下達される予定（**制約**）だ」といった具合だ。

そして、もし予測と現実が違ってきたら、その理由も伝える。

「先週は、来月○○の整備をするかもしれないと伝えていたが、会議では、○○演習への参加が示された。○○演習の規模が思ったより大きくなり、中隊全員で参加することになったからだ」

情報は、ただ伝えればいいというものではない。

特に疲労の第2段階の組織では、情報がメンバーのストレスケアになることを意識して、こまめな配慮が必要になるのだ。

第5章

Work method of the leader who does not break down

折れないリーダーの仕事4
団結させる

イラク派遣での最大のストレスは人間関係

平成15年から平成21年にかけて、米国が中心になって行なわれたイラク戦争後の復興のため、自衛隊が派遣されることになった。

場所はイラク南部のサマーワ地区。現在でも「自衛隊が経験した最も有事に近い任務」とされている、「イラク派遣」である。

後にNHKの「クローズアップ現代」でも取り上げられていたが、派遣に参加した隊員の中から、帰国後に精神不安になったり、睡眠障害を発症する人間も現れた。

当時、私は現地にストレスケアのために派遣され、派遣後には隊員全員に心理テストやアンケート調査を実施した。

多くのマスコミは、イラク派遣の現場が戦場のような悲惨なものだったという側面からニュースを流したいらしく、私も何度か取材を受けたことがある。

実際のところ、大きなストレスがあったのは事実だが、戦場のそれとは比較にならないものだった、というのが私の答えだ。精神的なトラブルを抱えた隊員の数は、派遣されなかった隊員と比べて変わるものではない。

ただ、多くの隊員が、10キロ以上痩せて帰ってきた。また、帰国後、しばらくして体調を崩す隊員が多かったのは確かだ。

彼らが受けていたストレスは、戦場のような命を脅かされる恐怖のストレスではなく、環境や文化によるストレス、つまり疲労によるストレスが主だった。

まずは気温。日中は50度以上になることがあり、水がなければ、本当に「死」を意識する。また文化的な違いから、現地の業者とトラブルが生じることも少なくなかった。日本的なきっちりした仕事を求めても、時間も量も質も守ってくれないことが多かったのだ。

疲労によるストレスは、業務の多さと睡眠不足に由来する。駐屯地の運営から派遣任務（給水、医療支援、学校・道路の補修の人道復興支援）、現地住民や他国部隊との平和交流事業、政府高官などの視察受けなど、隊員は、日本にいる時よりかなり多忙だった。また日本との時差があるので、日中は作業し、夜は日本との調整をする隊員も多かった。

もうひとつ隊員を悩ませたのは、効果的なストレス解消ができないことだった。

お酒を飲むことは宗教上の理由で禁止されていた。また、無用なトラブルを避けるため駐屯地から外出することもできない。すると、一人の時間がないのだ。特にランニングは一人きりの時間を得られる貴重な機会だったのだが、ロケット弾などを恐れ禁止されていた。

飲酒と運動は、自衛隊員の二大ストレス解消法。そのどちらも奪われてしまったのだ。

「何がつらいって、ランニングができないことです」と答えた隊員が多かったことを覚えている。

――このような環境での任務を終え、帰国した隊員に個別に送付したアンケートの中で、「何が一番のストレスだったか」という問いに対し、圧倒的に多かったのが〝人間関係〟という答えだった。

一体どういうことなのか、詳しく説明しよう。

自衛隊は「団結」を重視する。

つねに仲間と一体になり、チームワークを乱すことは許されない。戦場のような危険な場で、チームワークを乱すことは部隊にとっての死活問題となるからだ。

イラクにおいても団結が求められたし、命を預けることになる仲間との信頼関係が重視された。

ところが、これはひと言で済ませられるほど簡単な問題ではない。

人間には、他人に対して「この部分までは許せるけれど、ここから先はムリだ」という許容範囲があるからだ。

しかも、その境界線は、疲労の状態によっても大きく変動するから、問題はより複雑になっていく。

疲労の第2段階では「許容範囲」が狭くなる

たとえばこんなケースがあった。

隊員がサマーワに到着し、居室として二人部屋に配置された。同室になる隊員に「よろしく」と挨拶する。事前の訓練ですでに顔なじみだ。これまでの印象では、爽やかでいい奴。これから一緒にやっていこうと決意する。

ところが夜になり、彼はものすごい「イビキ」をかき始めた。驚いたものの、「まあ、オレも時々歯ぎしりをするしなぁ。お互いさまかな」と許容する。イビキには目をつぶり、仲間として仲良くやっていく。

その後、2か月が経った。過酷な任務が続き、さまざまなストレスと向き合う生活で消耗し、ついに疲労は第2段階に達する。刺激に対しいつもより2倍敏感になり、我慢するのに2倍のエネルギーを使い、回復するのにも2倍の時間がかかる、そんな状態だ。

そんな中、同室の隊員は、相変わらず夜になると、ひどいイビキをかく――。

「なんだコイツはいつも、いつも！　少しは他人の迷惑を考えないのだろうか？」

「どうしよう、今日も眠れない。明日の仕事に支障が出るかもしれない。それにしても、いい気なもんだ。ああ、耳栓をしても、イビキが頭に響いてくる。ここから逃げ出したい」

こうなると、同僚のすべてが気になり始める。歯磨きの時の音が嫌、コーラの飲みかけを放置しておくのが嫌、他人の悪口ばかりを言うのが嫌……。

その同僚が、変わったわけではない。

本人の蓄積疲労が第2段階になっただけなのだが、どうにもこうにも嫌なところが目について仕方がない。**エネルギーが低下してくると、我慢する力も低下する。つまり許容範囲が狭くなっていく**のだ。


当然の結果として、やがてこの二人は不仲になり、お互いの人格を攻撃し始め、居室だけでなく、職場でも口論をするようになってきた。仕事もうまくいくはずがない。

こうした信頼できなくなってしまった、「顔を見るのも嫌だ」と感じるようになった相手と、一方では「団結」を求められる。

場所は、日本から遠く離れた紛争地帯である。

「嫌だから」と外に逃げることはできない。

上司に相談できればよかったのかもしれないが、今、部隊はさまざまな制約を乗り越えて、崇高な任務に取り組んでいる。自分のこんな私的な相談で、上司を手間取らせるのも申し訳ないし、何より、「こんなことは、自分で処理できないと大人ではない」という気持ちがあったのだろう。

しかし現実には、「我慢すること」の限界にきている。

疲労の第2段階では、我慢に使うエネルギーも2倍。

結局、その状態は長くはもたず一人が第3段階、つまり体調不良になってしまった——。

予防志向で人間関係の悪化を防ぐ

さて、このイビキ事件。予防することはできなかったのだろうか？

「お互いさまですから仲良く譲り合いましょう」とか、「相手のことを思いやって」とか、「自分も迷惑をかけていることを自覚しましょう」などと人間関係について教育することもできるだろう。

視点を変えて相手の良いところを見たり、言いたいことをちゃんと伝えられるようなコミュニケーションを訓練したりすることもできる。

ただ、このトラブルが日ごろから「団結」を意識している自衛隊員同士で起きているということを思い出して欲しい。もはや小手先のスキルで改善できるレベルではないのだ。

第2章で述べたが、疲労の第2段階に陥ると、だれでも視野が狭くなり、許容範囲が狭くなり、意固地になってくる。

根本的な予防策は、疲労の第2段階に至らないようにすることだ。

しかし、サマーワの部隊のように、第2段階の人が増え始めたらどうしたらいいのだろう。

リーダーがやるのは、まずメンバーの掌握。それぞれの健康状態や悩み、訴えを聞くこと。次に仕事を切ること。次に情報を与え、不必要な不安や疑心暗鬼を予防することだ。

ただ、そうしていても、過酷な勤務の中で「イビキ事件」のようなトラブルは起こってくる。

そこでリーダーが次にやるべきことは、**「人間関係調整に力を注ぐ」**ことだ。

疲労の第1段階組織のリーダーは、仕事をうまく回す存在であるべきだ。しかし、第2段階になると、仕事は最低限とし、チームを維持することに意識を向けなければならない。「攻め」

ではなく「守り」のリーダーシップが求められるのだ。

疲労の第2段階で、チームが崩壊する引き金となる重大な要因が「人間関係」なのだ。第2段階に陥ったチームは、些細なことで人間関係にヒビが入りやすい。人間関係のトラブルは、非常に大きなエネルギーの消耗につながる。それが、これまでの業務による疲労に加わるのだから、個人の破たんが急に近づく。

別に仕事が増えなくても、人間関係のトラブルが続いていると、あっという間に第3段階に陥るメンバーが現れるだろう。

一人が欠けると、影響はすぐに組織全体に広がっていくというチーム崩壊のシナリオは、すでに述べたとおりだ。

だからチームの疲労が第2段階に至ったと察知したら、メンバーの人間関係にいつも以上に注意を向けなければならない。

たとえば、イビキ事件なら、職場での不仲が観察された時に、上司が彼ら一人ひとりの話を聞くことが必要だった。はじめは同僚の不誠実さや業務のやり方のまずさだけを口にしていても、しっかり耳を傾ければイビキと不眠の話をしてくれるかもしれない。それがわかればリーダーは「部屋を変えてあげる」という対処をとり、それ以上大きなトラブルにならないようにできただろう。

「任務解除ミーティング」で団結力を強くする

少し前の会社組織では、上司と部下の絆をつくる場として「飲みニケーション」が重視されていた。もしかしたら人間関係と仕事の質の関係性を肌感覚で理解していたことから生まれた習慣なのかもしれない。

しかし、最近の若手は上司と飲むのを嫌がる傾向がある。またハードワークが続く毎日では飲みに誘うのもそう簡単なことではない。疲労が溜まった状況では、アルコールよりも睡眠が必要な場合もあるだろう。

アルコールの力を借りなくても、人間関係の悪化を防ぎ、ひいてはチームの団結力を強くすることはできる。自衛隊でよく行なわれているのは、**「任務解除ミーティング」**という報告会だ。

「任務解除ミーティング」は、一見すると定例の業務報告の会議と変わらない。ただ、業務の報告や調整のために行うのでなく、あくまで隊員の人間関係の悪化を予防することが目的だ。任務を解除して、ゆっくり休むためのミーティングという意味で、任務解除ミーティングと名付けられている。

リーダーが中心となり、その日の任務が終了する前にチーム全員で行うものだが、手順は次のような流れとなる。

①各メンバーから、今日の活動についての報告を受ける
②リーダーが情報を与える
③メンバーの困っていることを聞く
④メンバーの身体症状をチェックする
⑤メンバーの意見具申を受ける
⑥リーダーの前向きなコメントで締める

こうまとめると、何やら医者の問診のようなものを想像するかもしれないが、実際にはもっとラフで、雑談のような雰囲気である。

たとえば災害派遣に参加していた10名ほどの班の場合、今日の任務を終え、宿営地に帰り、食事をとった後に30分ほど集まる。

ミーティングでは、まずそれぞれのメンバーに今日の体験を話してもらう。同じ場所で任務をしていたとはいえ、それぞれのメンバーはさまざまな体験をしているものだ。一人ひとり、今日はどういう仕事をして、どう感じたかを述べる（①）。リーダーは関心をもって質問する。そして、同僚からもコメントを受ける。

たとえばこんな具合だ。

「今日は二人のご遺体を搬送しました」と新人が発言する。

「はじめてか？」とリーダー。

「はじめてです」

「結構ショックだよな、はじめての時は。俺なんか、いつまでもその状態が目に焼き付いてしまった」と先輩。

「そうですか、私もなんです。これは良くなるんですか？」と不安そうな新人。

「大丈夫、じきに慣れる。つらいが皆が経験していることだ」とリーダー。

こんなやり取りの中で、新人がかなりのショックを受けていることが皆に伝わる。翌日は、先輩が新人にさりげなくサポートをしてくれるかもしれない。

全員の体験を聞いた後、リーダーが知らせるべき情報を伝える（②）。情報伝達の必要性は、前章で詳しく述べたので割愛する。

次に、リーダーは、何か困っていることはないかと尋ねる（③）。任務以外でも、困っていることがあれば、この場で言えばいい。先の「イビキ事件」なども、このように「何でも相談していい場」があれば、少しは気楽に打ち明けることができたかもしれない。

次に、全員の健康状態を話題にする（④）。

一人ひとり尋ねながら、目元や口元など疲労の兆候の表れやすいところを相互に観察する。女性は顔色を見るのが得意なようだが、男性は苦手だ。そんな男性でも、日ごろからある特定の部分を観察しておけば、違いを発見しやすくなる。イラクの派遣隊員は、口の周りが荒れている人が非常に多かった。また、歯が痛いという隊員もいた。ストレスが溜まって第2段階になると、さまざまなところに体の不調が出てくるものだ。

次に、業務や生活に関して、何か改善できることがないかを聞く（⑤）。

困っていること、というと発言しにくいが、改善としてなら提案しやすいこともある。たとえば「イビキ事件」なら、「いろんな人と交流したほうが良いので、居室の部屋替えをしたほうが良いと思う」と提案することもできただろう。

最後はリーダーが、希望的なコメントを述べて締める（⑥）。

「大変だとは思うが、自衛隊に対する感謝の言葉を被災した方々からいただいている。あと少しで応急の対処は終わりそうだ。それまでは、お互い助け合って頑張ろう」

リーダー自身がつらい状況であったとしても、ここはやせ我慢の見せどころである。

とにかくメンバーの内面に関する情報を交換する

任務解除ミーティングには、団結力をキープするうえでさまざまな役割を果たすが、特に重要なのが**「メンバーの内面情報の交換」**である。

内面情報とは、考えや行動の理由、価値観、気持ち、欲求、本音、弱音などと思ってもらえればいいだろう。

疲労の第2段階になると、人は内面にこもるようになる。

疲れが溜まると、自分のパフォーマンスに自信がなくなり、なんとなく人から責められているような気がしてくる。また、自分だけ仲間外れにされるのではないかという不安や、いいように使われるのではないかといった警戒心が強くなり、人を信じることができなくなる。

さらに、「イビキ事件」のように、許容範囲はどんどん狭くなるため、そういう意味でもエネルギー消耗（＝人との摩擦）を避けようとして、人から離れていく。

その結果、第2段階の職場では、少し話せばすぐに解けるような誤解が、ずっと解消されず、敵意として育ってしまう。

解除ミーティングでは、それぞれのメンバーが自分の内面を話す機会が与えられる。**嫌な奴だと思っていても、嫌な行動の背景に、もっともな理由が隠れていることがある**のだ。それを知ることで誤解が解け、その人への警戒心や怒りがほぐれる。**敵意がなくなれば、ムダなエネルギーの消耗はなくなり、チームの人間関係もキープされる**というメカニズムだ。

ところが、こういうツールがあっても、現実には「面倒くさい」とか「忙しいので」と、なかなか実行できないのが通常だ（イビキ事件もそうやって生じてしまった）。

なおこうしたメンバーの内面に関する情報交換ができれば、何も任務解除ミーティングのような形式をとらなくてもいい。さらにコンパクトなツールなら、もっと手軽に取り入れてもらえるだろう。

そこで私は、「からだ（体）電池・こころ（心）電池」という方法を提案することもある。

「朝起きた時が100％だとしたら、今の電池残量は何％くらいか」――自分に心と体の二つの電池があると仮定して発表してもらうのだ。

「ちょっと嫌なことがあって集中力に欠けているからこころ電池は60％くらい。体はそんなに疲れていないから80％くらいです」という感じだ。

このしくみを、あるナースセンターの皆さんに、試してもらったことがある。

病棟のドクターやナースの皆さんは、2交代のチームで働く。交代の時にさまざまな引継ぎを行うが、そのついでに一人ずつ「からだ電池、こころ電池」を発表してもらった。

ある若いFドクターが、「今日は、体は90、心は10です。患者の○○さんの調子が崩れたのは私の責任です」と短く発言した。

その時は、それだけだったのだが、その後で一人のナースが私の元を訪れ、このように話してくれた。

「からだ電池・こころ電池に救われました。実は、今日机で作業をしていたら、Fドクターが私のそばを通る時、『くそ』と言いながらワゴンを蹴っていったんです。以前、Fドクターから患者さんの点滴のことで注意されていたので、また私が何かしたのかなと、ずっと不安だったのです。でも、さっき患者さんの件で落ち込んでいらっしゃったんだとわかり、私もほっとしました」

これが、内面情報を交換することの意義である。

この、からだ電池、こころ電池なら一人10秒で内面情報を交換し合える。それぞれの職場で使えるツールを工夫してみて欲しい。

リーダーがチームの「芯」になるために必要なこと

「任務解除ミーティング」は、災害派遣などの厳しい任務に際し、基本的に毎日、行われる。自分の会社にはそんな場がないから、日々の業務の中で時間がつくりにくいという方もいるだろう。それでもあなたが疲労の第2段階のチームを率いているなら、なんらかの形で「内面情報の交換」をする機会を設けるべきだ。


メンバーからの報・連・相を待っているだけでは不十分である。

そもそも、第2段階のメンバーは、自分から報・連・相ができる状態ではないし、たとえトラブルが起きても必死に隠そうとする。先々になって問題になるトラブルよりも、「今、怒られること」を避けるのが、疲労が溜まったメンバーの心理なのだ。

もちろん、こうしたかしこまった場に限らず、メンバーの話にはいつでも耳を傾けたい。

なぜならば、リーダーの仕事は部下の戦力を正しく把握（掌握）することからスタートするからだ。

疲労の第1段階において把握すべきメンバーの戦力は仕事能力、性格、経験など多岐に渡るが、第2段階において把握すべきものとは、ほぼその人のエネルギー残量（＝疲労度）である。話を聞くことで、さまざまな内面情報を得られれば、メンバーの疲労度を察知できるし、人間関係トラブルの調整もできる。

リーダーとして欠かすことのできない仕事なのだ。

とは言え、難しく考えることはない。

まずは時折こちらから声をかけ、体調や仕事の状況を聞き、悩んでいることや、つらく思っていることなどがあるかを尋ねるだけで十分だ。

たとえメンバーが何も話してくれなくても、**リーダーが関心をもっていることが伝われば目的を果たす**。

もし、メンバーから相談を受けたら、時間をとってしっかり聞こう。

その際、仕事上の問題ならすぐに対応できるかもしれないが、個人的な問題や人間関係の問題の場合、その解決を急ぐ必要はない。まずは、状況を把握することが大切だ。指導せずに、言い分を聞く。その場でなんらかの答えを出すのではなく、問題解決は保留にしてもいいと思えば、構えず話が聞けるようになるだろう（１１７ページ参照）。

というのも、メンバーにとっては、リーダーが話を聞いてくれた、わかってくれた、ということだけで安心感がわき、狭くなった許容範囲が再び広がることが多いからだ。

本章のテーマは「団結させる力」だが、**チームがまとまり、団結するためには「芯」が必要**だ。いくらメンバー同士がお互いの状況を理解し合っても、芯がなければすぐにバラバラになってしまい、チームとしての力を発揮することはできない。

自然に考えると、リーダーは、チームの「芯」として最も適した存在である。

ただし、芯であるためには、メンバーが寄り添いたくなるような存在でなければならない。

リーダーという座にあぐらをかいているようでは、メンバーは離れていってしまうだろう。

「やってみせ、言って聞かせて、させてみて、ほめてやらねば、人は動かじ」

再び、山本五十六の有名な言葉だが、これには続きがあることをご存知だろうか？

「話し合い、耳を傾け、承認し、任せてやらねば、人は育たず」

戦時中の、しかも上下階級の厳しい海軍で、彼は部下を動かす極意として、とにかく部下たちの話を聞くことの大切さを説いていたのである。

多くのすぐれたリーダーは、部下たちの話を聞き、その気持ちを理解することの重要性に気付いている。

田中角栄は、派閥の政治家たちと、とにかく「毎日、会う」ことを心がけていたというし、アイゼンハワー大統領は、毎朝30分間は側近と一緒にウォーキングし、雑談する機会を確保していたという。どれだけ多忙であっても、彼らは部下たちの話を聞くことに時間を割いていたのである。

チームの目標は「仲良くすること」ではない

チーム内の人間関係の悪化を防ぐために、「任務解除ミーティング」をはじめとした内面情報の交換をぜひ行って欲しい。

しかし、残念なことにすでにチーム内の関係には、ヒビが入ってしまっている場合もあるだろう。それに、いくら予防しようと思っても、人間関係の悪化は完全に防げるわけではない。誤解を恐れずに言うと、疲労の第2段階のチーム内で、ある程度の期間トラブルが続いた人間関係を良好な状態に戻すのは、非常に難しい。

「話し合えばわかる」、「一度腹を割って話し合ってみよう」と、チーム内でだれかとだれかの仲が悪くなった時、なんとか仲良くさせようとしてはいないだろうか。

残念ながら、これはほとんどの場合うまくいかない。

というのも、先に見たイラク派遣の時のように、疲労の蓄積と人間関係の悪化が相まって、もはや生理的に嫌うようになってしまったら、いくら調停しても人間関係は修復できないのである。

嫌な人と話し合うという時間がかえって負担になり、余計な疲労を蓄積させることになるのだ。

そもそも組織というのは、基本的にそれぞれが自分の役割を果たし、仕事を通して目的を達成するために存在するものだ。**仲良くすることを学ばせる場ではない。**

では、人間関係トラブルが表面化した時、リーダーは具体的に何をすればいいのだろう。まず、対立するメンバー双方の話を聞く必要がある。「アイツが悪い」、「いや、向こうのほうが先にやってきた」などと、いざこざには双方に主張がある。リーダーはどちらにも加担せず、ただ両方の言い分を理解するだけでいい。

どちらかに加担すると、一方はリーダー自身に対する反感が高まり、さらにチームワークを乱すようなこともある。

もちろん明らかに当人が悪い場合もあるだろうが、それでも、すぐに責めるのは控えたい。まずは、当人なりのトラブルの背景や経緯に耳を傾けよう。

当事者はかなり偏った考え方をしているかもしれないが、それを本人の性格や能力の問題と捉えるのではなく、あくまで**「疲労しているからそう考えてしまう」**というのを忘れないことだ。

そして、そのうえで互いの距離を離す。

担当を変更したり、時にはチーム編成を変更したりする必要もあるだろう。

明らかな規律違反がある場合は必罰だが、人間関係や生き方の姿勢がトラブルの原因となっている場合、疲労の第2段階でそれ以上の個人に対する指導は必要ない。効果がないだけでなく、リーダーへの信頼感が低下するからだ。まさに百害あって一利なしである。

こうして見ると、まるでリーダーは、指揮官というよりも面倒見のいい学校の先生やカウンセラーのように見えるかもしれない。

それでいい、と私は考えている。

実際に私が部下をもっていたころは、「最近、眠れないんです」、「私の息子は発達障害があるんです」、「じつは借金があって……」というさまざまな悩みの相談に乗っていた。

「そこまでしなければならないのか？」と思うかもしれないが、こうした**不安の種を放置すれば、やがてチーム全体に悪影響をもたらす**。それでは、チームとして役割を達成するどころの話ではない。

モチベーションを喚起することよりも、人間関係の悩みなどの「負の感情」を緩和させることが、特に疲労の溜まったチームのリーダーにとって重要な仕事なのだ。

「厳しさ」と「優しさ」のバランス
――心腹統御と威圧統御を使いこなす

ここまで述べた話から、優秀なリーダーは組織の上層部ではなく、メンバーの味方になり、精神的なケアまでしてくれる、優しい人物だという印象をもったのではないだろうか。

確かにそういった面がなければ、チームを率いることはできない。

しかし「優しいだけ」でも、チームをまとめることはできない。

「厳しさ」と「優しさ」のバランスが重要なのだ。

チームが大きくなると、必ず手を抜こうとする者が現れる。心理学の世界で「社会的手抜き」と呼ばれるものだ。

ドイツの心理学者が行った綱引きを使った実験がある。1対1で綱引きをした時に発揮していた力を10とすると、2対2になると一人あたりの力は8・5に下がり、8対8になるとなんと一人の力は1対1の場合の半分以下にまで下がるという。

「できるだけ省エネしたい」――これは人間の本能なのだ。

しかし、これが疲労の第2段階の組織で顕著になると、大きなトラブルになりやすい。無意識にでも手を抜いている人の存在は、周囲の不公平感を刺激し、人間関係が崩れるもととなる。

チームをまとめるにあたって、できるだけメンバーに不公平感を抱かせないようにしなければならない。そのためには厳しい対応をしなければならない場合もある。

自衛隊では厳しいリーダーシップの型を**「威圧統御」**と言った。

その逆が、**「心腹統御」**で、リーダーへの忠誠心で部下を率いることだ。

威圧統御と言っても、さすがに暴力をふるって部下を怒るようなことはしない。

しかし、時には部下に厳しい命令や環境を強いることもある。


再び、東日本大震災の災害支援での話だ。

当時、被災地だった東北地方には、日本中の自衛隊員が集まり、災害支援にあたっていた。

災害支援とはいえ、発災後1か月を過ぎると、働き詰めというわけではなく、交代制で休日もある。

この時、現地の部隊の指揮官は、「休日であっても駐屯地から絶対に出ないように」と隊員たちに命令した。

地元部隊の隊員たちの中には、自宅が被災していた者も多い。家族から「早く帰ってきて欲しい」と懇願されたが、指揮官は被災した隊員を含め、すべての隊員の外出を許さなかった。この判断は現場に大きなストレスを与えるものだった。

指揮官には二つの思いがあった。

まず、駐屯地の周りには、被災住民が大勢いる状態だ。住民たちのライフラインもままならない状態の中、災害支援にあたるはずの自衛隊員が気分転換をしたり、自分の住居の片付けをしたりしている様子を見たら、住民たちはどのように受け取るだろうか。万が一、隊員たちへの不満が募れば、必死に任務にあたっている隊員がショックを受けることになるだろう。

もうひとつは、全国から集まって東北を支援してくれている隊員の気持ちをおもんぱかってのことだ。急きょ遠路駆けつけてくれた隊員たちは、宿営地以外でゆったり休む場所はない。そんな隊員たちが、地元部隊だけが自宅に帰る姿を見たらどう思うだろうか。地元部隊の隊員たちの個人的被災状況がわかるわけではないだろう。すると「地元部隊だからいいな」、「なんで自分たちだけ外に出られないのか」という不公平感につながりかねない――。

そう考えた末のやむを得ぬ判断だった。

このように、部下に対して厳しく命令を強制することが「威圧統御」である。

疲労の第2段階では、些細なことが不満や不公平感を呼ぶ。住民からの不信の渦が自衛隊の任務に及ぼす影響、不公平感による部隊間の団結の乱れを危惧し、隊員たちに、厳しいことを求めたのだ。

「威圧統御」は、ふだんの「心腹統御」があるからこそ生きてくる。

心腹統御は部下からリーダーへの信頼だ。

一方、**威圧統御は、リーダーから部下への信頼**だと言える。疲労の第1段階ならともかく、第2段階の人は感情を抑えられなくなる。部下を信頼していなければ厳しいことは言えない。反発だけが残り、団結が崩壊する可能性があるからだ。

東日本大震災の時、指揮官は、部下を信じていた。そして、東北の粘り強い隊員たちは、それに見事に応えたのだ。

疲労の第2段階の組織を率いるには、「優しいリーダー」と「厳しいリーダー」を使い分けることが必要になる。

そのためには、できればリーダーは、日ごろからチームから信頼され、チームを信頼できる関係をつくっておきたいものだ。

この章では、リーダーがメンバーの人間関係に注目し、いろんな手段を使って団結を維持していく必要性を述べてきた。82ページで旧日本軍の下士官がすぐれていたことに触れたが、下士官は、この「部下の人間関係を調整し団結させるスキル」に抜きんでていたのだろう。

昨今、日本の職場では人と人とのつながりが希薄になりつつある。プライバシー確保や個人情報保護といった問題もあり、相互の電話番号を知ることすらままならない。

こんな時代において、日本人の長所であった人間関係スキルを継承するには、「任務解除ミーティング」などのように、なんらかの意識的な努力が必要なのではないだろうか。

第6章

Work method of the leader who does not break down

折れないリーダーの仕事5
リーダー自身のダメージをコントロールする

「こんなことはできない！」と感じている人へ

本書は、これまで「疲労の第2段階のチームで、リーダーがメンバーに対して行うべきこと」について述べてきた。

ただ、これまでの内容について、理屈では納得する部分はあるものの、現実には難しいと感じる人が多いのではないだろうか。実際に、第2段階に陥った職場のリーダーにコーチングする時も、次のような声が返ってくることが多い。

「売上を増やすべく、やらなければいけないことはたくさんあるのに、仕事を切るなんてとんでもない」

「メンバーにはできるだけ簡潔な指示で済ませたいのに、そこまで細かく指示を出さなければいけないのか」

「チームワークを高めるよりも、できるメンバーを伸ばすほうが簡単だ」

「食事や睡眠などの健康管理や、プライベートのトラブルぐらい、社会人なので自己責任でやって欲しい」

「ただでさえ時間がないのに、人間関係維持のミーティングや面談なんて、受けるほうも当然嫌がる。それこそ人間関係を崩してしまいそうだ」

これらは一見もっともだし、気持ちもわからなくもない。

ただ、そもそも残っているエネルギーより過大な仕事をしていたら持続できない、ということも明白な事実だ。

たとえば、エネルギー残量5に対し、仕事量が10だとしよう。

この時どうすればいいかは、小学生でもわかるだろう。人は動物なので、一定以上のエネルギーを出すことはできない。それなら、仕事のほうを切るしかないのだ。

この現実を、頭のどこかでは理解しているのに、受け入れられない。右に挙げた「できない理由」は、「受け入れられない」という感情的結論を正当化するための後付けの理由に過ぎない。

理屈ではわかっていても受け入れられないのには、大きく三つの理由がある。

この章は、本書の総まとめの意味をこめて、ある事例を追いながらこれまでのポイントをおさらいしつつ、受け入れられない三つの理由と対処法を考察する。

まずはリーダー自身の疲労コントロール

理屈ではわかるのにそれができないのは、本書を読んでいる**あなた自身が疲労している**からだ。まずは少しでも休むこと、すると思考が冷静になってくる。

ひとつの事例を紹介しよう。

ある有名企業の部長（45歳、男性）。さまざまな大企業をわたり歩き、4年前に現在の会社に入社した。

2年半前に新しい部署が立ち上がり、部長を命じられた。「社運を担う」と華やかにスタートしたが、なかなか実績があがらず、最近では部署の解散も噂される。社長からも、期限を区切った打開策を求められていたため、さまざまな企画を立ち上げて手を広げ、なんとかギリギリのところで最低限の売上はキープしているものの、業務量は以前の2倍近くに増えてしまっている状態だ。

優秀なメンバーがそろっていたが、昨年あたりから他社に引き抜かれて退職したり、体を壊したりする人が増え、それが一層業務をひっ迫させている。

そんな彼（Aさんとしよう）が、「あるメンバーの体調管理について」という目的で、私のところにコーチングを受けに来た。

話を聞いていくと、ハードな仕事にプライベートでのトラブルが重なり、体調を崩したメンバーは、明らかに疲労の第3段階に陥っている。かなり前から「死にたい」という気持ちも出ているという。すぐに専門機関を受診させ、休養させる必要があった。

「わかりました。でもそうなると……、困ったな〜」と頭を抱えるAさんに、他のメンバーのことを聞くと、多くが疲労の第2段階。

さらにAさん本人の体調を聞くと、不眠、体重の減少、アルコール・たばこの増加。これも第2段階、いやもしかしたら第3段階かもしれないと思い、少し突っ込んだ質問をした。

「Aさんは、今後この部署をどうしていこうと思っているのですか？」

「なんとかしたいのですが……。ここは秘密を守ってくれますよね」と声が小さくなる。私が頷くと、Aさんはこう続けた。

「正直に言うと、なんかもう、疲れちゃいました。来年のイベントを区切りに私も転職しようか……なんて考えているんです。じつは今、他の会社の面接をいくつか受けているのです」

退職まで考えているとなると、かなり深刻だ。

コーチングを続ける中で、ある取締役から陰湿ないじめを受けているという話も出てきた。

Aさんは、「体調を崩したメンバーを休ませると、他のメンバーが穴埋めしなければならない。それを命じるのは忍びない。かと言って自分が抱えられるという自信もない」――そう言って頭を抱えていた。

私は、彼に「疲労の第2段階の職場におけるリーダーシップ」を提案した。

目標は、来年の大きなイベントまで、なんとか「折れずに」チームを運営すること。

そのためにはさまざまなステップがあるが、まずやることは、Aさん本人が休むこと。

もちろん、体調を崩したメンバーの対応が終わった後だが、1週間ほど休んでもらうことを提案した。

「え、私が休むのですか?」

「そうです。目先の仕事を追うのではなく、目標は来年のイベントまでもたせること。そのためには、リーダーがリーダーの仕事をしっかりやらなければなりません。リーダーの仕事をするには、クールな頭が必要です」

「今、そのリーダーの仕事を教えてもらい、それを実行すればいいのではないですか?」

「確かにここで、いろんなコツを伝えることもできますが、今のAさんの状態では、それを実行するのは難しいと思います。少し休めば、そんなコツは、おそらくあなたなら自然とできるようになると思います」

「そうですか、でも……」と散々渋るAさんに、「妻がインフルエンザになった」という裏技を使って、とにかく1週間休んでもらうことにした。

第2章で説明したが、人は疲労が溜まるとできるだけ余分なエネルギーを使わないように、無意識のうちに新たな行動に抵抗感を覚えるようになる。これはリーダーも同じだ。だから、この段階でAさんに新しいリーダーシップを提案しても、きっと抵抗されるだけだし、うまく伝わったとしても、結局行動には移せない。

新しいリーダーシップに移行するための最初のステップは、まずリーダー自身の疲労を少しでも軽くし、新しいことに対する拒否感を緩めることだ。

間違えたリーダーシップ像に囚われていないか？

「いや〜数年ぶりです、こんなにゆっくりしたのは。確かに少し余裕ができると違う見方ができるようになりますね」と、まじめなAさんは、休みの間に考えたチームの立てなおしプランを説明し始めた。

ただ、第2段階、第3段階の疲労は、そんなに簡単に解消するものではない。まだ、彼の思考はかなり偏っている。

話を聞くうちに、メンバーの悪口になっていった。

「なんでも私を頼ってくるんです。任せているので、しっかりやって欲しい。果ては、プライベートのトラブルの面倒まで見なければならない。しかも、自分から相談してくるのではなく、こちらが聞くまで話さないのですから、本当に疲れます」

「なるほど、自分の仕事ではないところで、エネルギーを消耗していると感じているのですね」

と私が言うと、「そう、まさにそうなんです！」とAさん。


「でもね、じつはそれが、今のあなたの仕事なんです」


ぽかんとしているAさんに、私は、リーダーの仕事について説明した。

疲労の第2段階の人が一番消耗するのは、「やらされている感」がある時だ。まさに貴重なエネルギーをムダ遣いしているような状況なので、大きなストレスを感じる。「なんで自分がやらなければいけないんだ」という、不公平感や怒りを抱きやすい。

本当にムダな作業なら、ムダと感じても問題ない。ただ現実には、本当は必要な仕事なのに、それを自分の仕事ではない、と誤って認識しているために、こうした「やらされ感」が生じていることが多いのだ。

Aさんの場合もそうだった。

その背景には、リーダー像への誤解がある。

彼も、たくさんのリーダーシップに関する本や自己啓発書を読んで、自分を奮い立たせ、これまでのキャリアを築いてきた。だが、それは序章で示した「勝つためのリーダーシップ論」だ。疲労の観点から考えると、疲労の第1段階の組織を率いるリーダーシップなのだ。

私はAさんに自分の失敗談を話すことにした。

私が、防衛大学校を卒業し部隊に配属された時、まずやらされたのは、これから部下になる隊員が行う仕事だった。隊員と同じ仕事をし、同じ食事をとり、同じ居室で生活をすることで、彼らの思いや大変さを知る。これが「掌握」の第一歩だった。掌握すると仲良くなれる。団結の輪に自分も入れる。とても、心地良かった。自分なりに工夫し、率先して仕事をする。そんな姿を見た部下たちは、「さすが小隊長」という目で見てくれるようになってきた。

なるほどリーダーシップとはこういうものかと思っていた。

配属からしばらくたったころに行われた演習場での訓練の時のことだ。防御の陣地をつくる演習で、穴を掘り、角材を並べ、立派な地下壕《ちかごう》をつくるというのが大まかな流れだった。

私がいつもと同じように、隊員がやる仕事を一生懸命手伝っていると、上司から「小隊長には小隊長の仕事がある。さぼるな」と一喝された。

自分ではしっかり汗をかいて働き、小隊を率いていたつもりだったので、ショックだった。

その後、上司に連れられて2キロメートル以上ある担当地域の坂道を行き来しながら、現場の隊員を見回ると、間違えた手順で仕事をしたり、危険な行為をしたり、道具が不十分で困っている隊員がいたり、人手が足りないところや食事が届いていないところがあることに気付く。

一緒に歩いていた上司は、すべての隊員に声をかけ、トラブルに対して的確に指示をするだけでなく、困っていることや体調にも気を配っていた。上司が歩き回ることで、組織全体の仕事が効率良く回っていった。

なるほど、これがリーダーの仕事なのか——そう実感した瞬間だった。

「しかし、上司はどんどん歩くので、ついていくのが大変でした。リーダーの仕事は、作業を手伝うよりも体力を使うと実感したものです」

私の話を、Aさんは真剣に聞いてくれていた。少しの休養をとったことで、無意識の拒否感が薄れているようだった。その様子を見て、私は説明を続けた。

「部下を掌握すること」
「企図を確立すること（仕事を切ること）」
「それを明示すること」
「情報を提供すること」
「人間関係に配慮すること」

疲労の第2段階組織のリーダーにおける重要な仕事として、右記の五つを伝えたのだ。本書でも述べてきたことだ。

30分ほどかかっただろうか、一とおりの説明を聞いたAさんは、

「なるほど、では私は今、リーダーの仕事をあまりしていないということ……なんですか、なんですよね」

「それも、仕方ないことです。これまでいろんな本で勉強し、しかも成功してきた。演習前の

私と同じです。自分もメンバーも、あまり疲労していない時は、勝つためのリーダーシップでいい。しかし、今のあなたの職場のような疲弊した組織を率いるには、負けないリーダーシップにシフトしなければならないのです。ただ、それには体力がいる。負けないリーダーシップは、リーダーとしての仕事が急激に多くなります。だから、まずはあなた自身の疲労のコントロールから始めたのです」

「なるほど、休んだ理由がよくわかりました。では次は何をすればいいのでしょうか？」

「次は、あなたの仕事をもっとスリムにすることです。自分の仕事を『切って』ください」

「え、リーダーの仕事をするのではないのですか？」

Aさんは疲労の第2段階であり、一週間休んだだけでは、完全に回復したわけではない。ストレスや刺激に対し、2倍の反応、2倍の疲れを感じる状態である。その中で、リーダーの仕事をするには、現在プレイングマネジャーとして行っている業務を、思い切ってスリムにしていかなければならない。

１０６ページで説明した「３分の１の法則」を説明した。

少し休んだこともあり、元々頭の良い彼は、「そうしなければ、来年までもたないということですね」と理屈は理解した。

「でも、すでに1週間も休んでいるのに、そのうえ自分が担当している業務を部下に振り分けるなんて……」

と、Aさんは現実との調整に苦しんでいる様子。これ以上の説明は、今は逆効果だと判断し、

「まずは、今日お伝えした視点で、ご自分やメンバーの仕事のやり方を観察してみてください。それをもとに、何ができるかをもう少し具体的に考察してみましょう」

こう話して2回目のセッションを終えた。

頭ではわかっていてもできない二つ目の理由は、**「これまでのリーダーシップ論とのギャップ」**である。これまでのキャリアでは、疲労の第1段階仕様のリーダーシップで問題なく過ごしてきた。第2段階になったからといって、急にこれまでの行動を変えられるものではない。変化を嫌うのも、第2段階での本能的な反応だ。疲労の影響が強ければ強いほど、本能的な頑なさが残ってしまう。

ここは、少し時間をかけて、ゆっくり軌道修正していく必要がある。

過去の自分のスタイルや、目の前の仕事にしがみついていないか？

新しいリーダーシップを受け入れられない三つ目の理由は「しがみつき」である。しがみつきとは、疲労の第2段階・第3段階の人が、必死に自分なりのストレス解消を試みるものの、それが全体として逆効果になってしまうことである。

たとえば、不安で不眠の症状が続いているため、なんとかしようとアルコールを飲む。ところがアルコールは寝つきを良くするものの、睡眠の質を下げるため、逆に疲労を溜め込み、結果的に不安や不眠が強くなるという悪循環に陥ってしまう。これが「しがみつき」だ。

さて、Aさんの話に戻ろう。

1週間後の面接に現れた彼も、しがみつきで苦しんでいる様子が見てとれた。

Aさんのしがみつきは、**「これまでの自分へのしがみつき」**と**「仕事へのしがみつき」**だった。

「先週教えていただいたことをやろうと思ったのですが、難しいですね」

観察するだけでいいと言ったのだが、彼はどうしても前に進みたくなる性格のようだった。

「私はこれまで、ことあるごとに『気力で負けたらそこで終わり。現実に負けても、気力だけは負けるな、そうすれば必ず次がある』と言ってきたんです。私はこの言葉で自分を律してきましたし、奮い立たせてきました。だから、自分から仕事を減らすということがどうしても受け入れられなくて」

これが、これまでの自分へのしがみつきである。

疲労の第2段階になると、変わることは大変なエネルギーを使う。たとえ悪いとわかっていても、従来の方法を続けるほうが当面は楽だからだ。

また、第2段階になると、自分を責める傾向が強くなる。そんな時、生き方を変えるのは、以前の自分の人生を否定するような恐怖心や、一貫性のない自分が周囲から責められるのではないかという不安感につながる。

「それに、今担当している仕事は大変ですが、それをやっている時は、不安が少ないというか、前進している感じがあるんです。だから、それをメンバーに任せるとなると、自分が何をすればいいのかわからなくなりそうで……」

これは、目先の仕事に対するしがみつきだ。

第2段階では徐々に自信が低下する。そんな不安を、仕事をしている、進んでいるという実感で忘れることができる。居場所を感じ、貢献できていることで、自信を感じやすい。また、目先の慣れたことなら集中できるので、不安を紛らわせることもできる。

第2段階の人が、疲れているのに「仕事へのしがみつき」を止められないことは、非常に多いのだ。

Aさんは大変素直に内面を打ち明けてくれるようになった。私は、Aさんが感じている苦しみは、リーダーシップを変更しようとするリーダーに共通する苦しみで、Aさんだけがうまくできないわけではないと話し、具体的にリーダーシップのスタイルを変えていくためのポイントを説明した。

重要なのは、企図の確立と明示である（第3章、第4章で詳しく述べた）。

リーダーシップの仕様を変える時は、自分の中で明確に決心するだけでなく、変える理由を明確にメンバーに示さなければならない。

示さないと、当然部下は混乱するからだ。

まずは、自分自身が「負けないリーダーシップ」に移行し、チーム全体の仕事を切るという決意を固めること。さらに、つらく困難なリーダーの仕事に専念するために、リーダーが今やっている通常業務を「切る」という意志を固めること。そして次は、それらを誤解のないように正しく、明確にメンバーに伝えること。結果としてそれがチームのためになることがわかれば、だれも反対しないはずだ。

メンバーのためのプレゼンを準備する。これがAさんの当面の目標となった。

疲労の第2段階の職場はリーダーの本領が試される

次の週、Aさんの様子は微妙だった。

「プレゼンは、うまくいきました。皆は、いつ私がそう言ってくれるかを待っていたような感じでした。ただ逆に、では今までのリーダーとしての私はなんだったのだろう、とむなしいというか、自信がなくなったような気がして……」

「どんなところで、そう感じるのですか?」と聞くと、こう答える。

「たとえば仕事を切ることがリーダーの仕事だということも知らなかったし、自分自身の疲労のコントロールさえできていない。自分はリーダー失格なのではないかと……」

まだ疲労が抜けていない第2段階なので、自信がなく自分を責めるのが基本モードなのだ。うまくいっているのに、不安が強いのも仕方がない。

それでも彼は大きく舵を切った。これは素晴らしいことである。


リーダーの仕事は、とても難しいことなのだ。**任されたからといって、急にリーダーの仕事ができるようになるわけではない。**

自衛隊などは、そもそもリーダーを育成するために毎日があるようなものなので、私は比較的早い時期から疲労の第2段階仕様のリーダーシップを身に付ける機会を得た。

第2段階のリーダーシップは、人の本質を理解したリーダーシップであり、リーダーシップの基礎部分となる。

一方、勝つためのリーダーシップは、基礎工事の上に立つ建物部分のようなものだ。建物が立派だとすごいものに見えるが、基礎工事が磐石でないと、ちょっとした地震や風雨ですぐにやられてしまう。

自衛隊には、リーダーシップの基礎を、現場で厳しく教えてくれる上司や上級陸曹（たたき上げの部下）がいた。しかし、そんな私でも、本当にそのことを実感として理解できるまで15

年ぐらいかかった。
通常の職場は、疲労の第1段階を前提に仕事が回っている。リーダーシップの本も同様で、第1段階仕様。「成功するための知恵」のみが紹介されているのが主流だ。それに、自衛隊のように、第2段階仕様のリーダーを「育ててくれる」環境がそろっているわけでもない。

あえて断言しよう。世の中にはたくさんのリーダーがいるが、努力とセンスで、自分で「基礎」を磨き、その上に「勝つリーダーシップ」を築いてきた一部の例外を除き、ほとんどが疲労の第1段階でならなんとなくやり過ごせている「名ばかりリーダー」であることが多い。

もちろん彼らは、人格者であり、仕事の手配士であり、現場での教育係でもあり、経験が多く、トラブル対処ができる人なのだろう。それはそれなりに大切だが、第2段階のような風雨の強い場面では、崩れてしまうことも多い。

本当のリーダーは、疲労の第2段階の厳しい環境でも、人を動かせる人だ。

これまで「名ばかりリーダー」だった人が、急に第2段階のチームを率いらねばならない立場に置かれたら、今のAさんのように、大変な苦労を伴う。

しかし、それは逆に、大きなチャンスでもあると捉えて欲しい。

ここを乗り切れば、リーダーシップの本質（基礎）を身に付けられるに違いない。次の仕事では、さらに上の成果を求めるリーダーシップをよりスムーズに発揮できるだろう。

こう話すとAさんは、

「そうですか、今の苦しみはムダにはならないのですか。本当に自分は大丈夫でしょうか」と弱気な様子だった。

新しい仕様に切り換える時は、どんなに図太いリーダーでも弱気になるものだ。

「大丈夫、君ならできる」

私は、根拠なく励ました。

リーダーシップには怒りが乗っかりやすい
——怒りへの対処法

次の週、Aさんは少し元気な様子だった。

思い切って部署の仕事を切ったことは、すぐにメンバーの気持ちを軽くしたようだ。

ただ、それでも仕事が楽になったという実感はない。結構な業務量だし、ビジネスなので、相手があり、結局かなりの時間を拘束されていることに変わりはない。

「ただ、職場に笑顔が戻ったんです。これまでは皆しかめっ面で、ため息をつきながら仕事をしていたんだと今になって気付けました」と彼。

ただ、良い報告だけではなかった。

一人のメンバーを、かなり強く指導してしまい、そのことで落ち込んでしまったという。

そのメンバーは、以前から度々反発しており、自分とは少し馬が合わないと感じていたが、今回の方針転換の時も、かなり抵抗してきたという。

夕方、ミーティングをして、「からだ電池、こころ電池」（177ページ参照）を聞いても、他のメンバーは、正直にかつ楽しく表現し、それなりの交流ができるのだが、彼はいつも「80－80です」とふてくされている。

そんな中、3日前、その部下がある仕事で大きなミスをした。厳しく指導しようと思ったが、人間関係もリーダーシップのひとつであるということを思い出し、まずは、部下の話を聞くことにした。

ところが、「ミスはミスです。理由も何もありません。自分で責任をとります。部長には迷惑をかけません」と可愛くない態度。

じつは周囲にもそんな対応なので、他のメンバーとペアを組ませることもできず、結果として、このようにミスが大きくなってから発覚することがしばしばあった。

「お前のミスは、会社のミスなんだよ。もちろん俺や、皆にも迷惑をかける。大体、お前がいつもそんな態度だから、だれもお前と組みたがらないんだろう。もう少し反省しろ」——皆に聞こえるような大きな声で怒鳴ってしまった。

それからしばらく職場がシーンとしていたという。

「自分でも、あんな大声を出してしまうなんて思っていませんでした。それに『皆お前と組みたがらない』なんて、言わなくてもいいことを言ってしまいました」とかなり落ち込んでいる。

疲労の第2段階にあるAさんがイライラしているのは疲労の一症状だ。しかも、以前からの不遜な態度で、イライラが募っていたし、直前も「まずは、話を聞こう」とこちらから折れたのに、また反抗的な態度をとられたことから、「ある程度仕方のない怒り」だったと言える。

「ところでAさんは、その部下にどうなって欲しいと思って指導したの？」

「皆ともっと打ち解けて欲しいです。必要なことは話して、しっかり挨拶をして、それだけです」

「なるほど、そうか。ではAさんが怒ってしまった結果、彼はAさんの考えている方向に進むかな？」

「そうあって欲しいとは思いますが……、難しいですね」

「私もそうだと思う。正直に言うと、余計にAさんのことを嫌いになり、他の人とも距離をとるよね。どうすればいいと思う？」

「……」

「簡単だよ。Aさんがこうなって欲しいという方向性があるのだから、それを彼に『頼めば』いいんだよ」

「え、頼むのですか、私のほうから？」

Aさんは驚いていたが、「怒り」の本質を考えると、この方法が最も効果的かつ合理的だ。

「怒り」は、基本的には敵の攻撃から身を守るための感情だが、仲間に対して向く怒りは、秩序維持の意味をもつ。

サル山のボス猿は、秩序を乱す若いサルがいたら、大きな声を出し、歯をむき、枝を折り、それを叩きつけながら、若いサルに近づく。「俺はお前より強い、お前は俺に従え」と威嚇するのだ。怒ると、机を叩いたり、つい声を荒げてしまうのも、こうした本能からきているのだろう。

そして、この**「怒り」の厄介なところは、当初何があったかでなく、「どちらが強いか、どちらが上か」の決着をつけたがることだ。**

Aさんが部下の態度に声を荒げたのも、こうしたメカニズムによるものだった。

「リーダーシップは多くの場合、上下関係がかかわるので、どうしても『怒り』が乗っかりやすいんだよ。その時のAさんは、彼にどう改善して欲しいかではなく、『どちらが上か』にこだわってしまったんだな。これは、ある程度仕方がない。だけど、疲労の第2段階のチームを率いるリーダーなら、壊れかけた人間関係を放置せずに、修復しなければならないよ」

「え、僕のほうから謝るってことですか」

「ほら、まだ上下にこだわっている」

「……気まずいですね」

私は、それをやるのがリーダーの仕事だと、励ました。そして、クールな彼に、もう一度指導の目標を思い出してもらった。

「指導したのは、彼に変わって欲しいから。それなら一番そうなる確率が高い方法を選択すればいい。怒りに乗っ取られたままでは、サルと一緒。人間は、目的に戻って考えられるので、感情に乗っ取られても、ちゃんと冷静になってその次の行動がとれるよ」

「そうですね、サルと一緒ではまずいですよね」

彼も、苦笑いした。

最悪を想定することで、リーダーは強くなる

次の週、Aさんは、懸案の反発する部下のことを報告してくれた。

思いきって「頼んで」みた。すると意外にも彼は殊勝な態度で受け入れてくれたという。「自分は不器用で……」とどこかで聞いたようなセリフだったと、ジョーク交じりで話すAさんには、どこか吹っ切れた様子があった。

そこで、「今、Aさんの頭を一番悩ませていることは何か」と単刀直入に聞いてみた。

二つあるという。

まずは、最初に相談した体調を崩している部下のこと。さまざまなサポートをしているが、やはり「退職したい」という気持ちは変わらない。Aさんとしては、現在のメンバー全員で、なんとか来年のイベントまでもちこたえたいと思っていた。

「退職した後、彼はどうなるのだろう。自分は彼を救ってやれないのだろうか」――そう悩んでいた。

また、部署の業績も大きな懸念だった。

もともとギリギリの売上だったが、仕事を「切った」ことで、メンバーの息はつけているものの、業績の回復は難しい。このままでは、早晩部署が取りつぶされることになる――。

今、本書を読んでいるあなたも、仕事になんらかの不安を抱えているのではないだろうか。

その問題が行き着く先のシナリオを想像して欲しい。

3か月後、半年後、それぞれ考えられる最悪のケースはどうなっているだろう。可視化するために、紙に書き出してみるのもいいだろう。

軍隊では、任務を考える時、最悪のケースを想像する。

たとえば、敵は二〇〇〇人ほどだと思われるが、〇〇からの増員があるとすれば最悪の場合、五〇〇〇人になる。

敵は、機関銃をもっていると思われるが、最悪の場合〇〇にある戦車が到着するかもしれない。

このように、**想像であっても、努めて具体的に「最悪のケース」を考察してみる**のだ。

というのも、「不安」も先ほどの「怒り」と同様に、第2段階になると本能的に発動する。もしこうなら、もしこうなら、と「もし」をつなげ、結局「死んでしまう」につながる思考になる。そんな死の危険が潜む状況を回避させてくれるのが「不安」という感情の役割だ。

「不安の感情」は、細部の事象にそれほどこだわらない。「もし」の先にある結果（通常は「死」）のイメージを鮮明に思い浮かばせ、宿主（＝私）の行動を控えさせるのが目的だ。

だから、**不安になると「〇〇（結果）になってしまったら大変だ」とその悲惨な結果のイメージだけに覆われ、それに至るプロセスや予防法などを考えられなくなってしまっていることが多い**。

そんな不安から抜け出すには、148ページのようなシミュレーションをするのが効果的だ。細かくシミュレーションするうちに、結果ではなく、過程をイメージできる。すると恐れていた結果に至るまでに、さまざまなステップと対処法があることがイメージされ、不安が軽減されるのだ。

また、**「最悪のケース」を想定すること自体にも効果がある**。

具体的かつ現実的に、「最悪のケース」をイメージアップする中で、**「最悪と言っても、この程度だ」**と感じるようになることが多いのだ。

漠然とした不安では、最悪は「死」。ところがよくよく考えてみると、**最悪とは言ったものの、現代人の不安のほとんどは、なんとかなるレベルのものである。**


そこで、Aさんにも「最悪のケース」を考察してもらった。

すると、部下の件でまず思い浮かぶ最悪は、「自殺」であった。

「自殺するくらいなら、この職場でもう一度頑張るより、会社を辞めてしばらくゆっくりして、自分に合う働き方をしたほうが、断然いいんじゃない」と私が言うと、「確かにそうですね」と意外なほど簡単に、視界が広がった。

もうひとつのチームの業績についての最悪のケースは、「部署の取りつぶし」と「自分の評価が下がること」だった。メンバーにも悲惨な思いをさせるのではないか、と漠然と思っていたが、冷静に考えてみれば、このようなプロジェクトの再編はよくあることで、能力のあるメンバーは新しい部署で活躍している。

「2か月前、私は退職しようと思っていたんです。もしあの時退職していたら、メンバーにこの部を押し付けていたことになります。そうならなくて良かった。改めて考えると、たとえ部がつぶれても、自分がその責任を負えばいいのですし、部下は傷つかずに次のプロジェクトに進めます。部署がつぶれても、それほど悲惨な状態にはならないですね」

そう言うと、自分を納得させるように彼は頷いた。

自分自身の「感情」はリーダーにとって、かなりの難敵だ。

特に、自分が疲労の第2段階に陥った時、「怒り」と「不安」は、リーダーとしての仕事にさまざまな影響を及ぼす。

自分自身のリーダーシップの基礎力を引き上げるうえでも、日ごろから感情の取り扱いにうまくなっておきたい。「感情を押し殺す」、「コントロールする」という態度ではなく、**感情を「ケアする」**という発想が有効だ。そのためのスキルと、トレーニングがあるので、興味のある人は、私のHPをのぞいてみて欲しい。

https://www.yayoinokokoro.net/

メンバーの退職を恐れるな

さて、Aさんの悩みのひとつだった、メンバーの退職について少し考えておこう。というのも、第2段階の職場では、避けて通れないテーマだからだ。

リーダーの立場にある人の中で、メンバーの退職を極端に嫌がる人がいる。リーダー自身の人事評価が下がる、管理監督責任を問われる、という「リーダー自身の理由」が背景にある場合が多いようだ。

あるいは、事例のAさんのように、純粋にその人のことを思って「退職させたくない」と感じる人もいる。

またそんな感情とは別に、チームがギリギリの状態で回っている時、一人のメンバーが離脱すると残るメンバーへの負担は大きい。退職を思いとどまるよう慰留したくなる気持ちも理解できる。

「会社を辞めたい」の理由はさまざまだ。

中には、仕事上の些細なことにつまずいているだけにもかかわらず、「もう辞めるしかない」と追い詰められた思考回路になっている人もいるだろう。そんなメンバーなら、慰留を試みると同時に、とりあえず数日間仕事を休ませて様子を見るのもいいだろう。

もし、本格的に、うつなどのメンタル不調がうかがえるようであれば、専門機関のサポートを受けさせると同時に、さらなる長期休暇を覚悟しよう。事例のＡさんの部下は、このケースだ。

しかし、退職理由もネガティブなものばかりではないはずだ。

中には、入社前から「次のステップ」への明確な目標を見据えているメンバーだっているだろう。

転職を考える時、責任感が強いメンバーなら、「チームの仕事が落ち着くまでは」と、ある程度の期間は頑張ってくれる。しかし、いくら頑張っていても、いつまでたっても仕事が落ち着かないようであれば、ある時、「これ以上は待てない」と愛想を尽かされることもあるだろう。

メンバーの退職は、リーダーがコントロールできるものではない。コントロールできない以上、受け入れるしかない。

休職や退職でなくとも、交通事故である日突然、戦線を離脱するメンバーだって出てくるかもしれない。**「メンバーの離脱」を想定していないチーム運営では、ふだんからメンバー個人**

が休みにくいだけでなく、危機管理的な面からも適切ではないのだ。

特に第2段階の職場のリーダーは、努めて避けたいものの、「突然のメンバーの離脱」があるかもしれないことを、十分想定しておかなければならない。

106ページの「3分の1の法則」のように、リーダー自身の心とチームのエネルギー管理に余裕をもっておきたい。

一人で戦おうとしてはいけない——参謀をもつことの重要性

事例のAさんは、苦労しながらも、なんとか疲労の第2段階仕様の新しいリーダーシップに移行することができた。

ただ、実際のところ、自分の疲労をコントロールし、これまでのリーダーシップの価値観から自由になり、過敏になっている感情を抑えるのは、大変な作業だ。

リーダーとは、じつに孤独なポジションだ。

仕事をひとつ「切る」にしても、リーダーはそのすべての責任を負わなければならない。そのプレッシャー、重圧は、時に相当なものだろう。

そもそもリーダーの仕事は、メンバーの仕事とはまるで違う。全体の進捗を管理・監督することが仕事でも、「口先ばかりで手を動かさない（動かせない）」などとメンバーから陰口をたたかれてしまうこともある。

「アルバイトが大半の職場で、唯一の責任者として社員が一人」といったポジションなどは、その典型だろう。

また、トップに近いポジションになればなるほど、リーダーの責任は重くなる。「時流を読みながら、資本をどの事業に投下するか」などの、ある種ギャンブル的な要素のある決断を、自己責任においてやらなければならない。

疲労の第2段階の職場でなくても、そんな重圧と不安を一人で抱えていては、リーダーのエネルギー消耗が激しくなる。しかし幸いなことに、不安や悩みは外に吐き出すと、心がかなり軽くなり、偏った思考が元に戻ることが多い。

Aさんが私にしたように「人に悩みを打ち明ける」ことは、冷静な頭脳に戻り、現状を打開するために、最初に試してみるべき方法のひとつだ。

戦場の指揮官は、多くの兵士の命を預かる。そのプレッシャーは想像以上だ。そんな指揮官の相談役となり、そのストレスを低下させる役目を負うのが「参謀」だ。コンサルタント兼カウンセラー兼友人のようなものをイメージすればいいだろう。

日本海海戦の東郷平八郎には秋山真之、豊臣秀吉には石田三成、宮崎駿には鈴木敏夫のように、古今東西、すぐれたリーダーには、必ずと言っていいほど、すぐれた参謀がそばにいた。

ビジネス戦場を生きるリーダーにとって理想的なのは、自分の腹心として、チーム内に参謀がいることだ。仕事を進めるうえでのパートナーのような存在がいれば、孤独感は相当軽減される。

もしくは、会社の先輩や自分と同じようなポジションのリーダーでもいい。「今、自分が抱えている悩み」を共有してもらいやすくなるだろう。

現代は、女性のリーダーも増えてきた。

女性と男性では、話すことの目的が少し違う傾向がある。

一般的に男性は、改善策を一緒に考えてもらいたいが、女性はとにかくさまざまな感情を吐き出し、共感してもらいたいことが多い。そうすれば、安心できるし、理性的に戻れるし、やる気も出る。

共感を重視する女性リーダーは、部内外に「弱い自分」を見せられる人をもつようにしよう。機密情報を話すことはできなくとも、**「弱い自分」、「悩んでいる自分」を受け止めてくれる人が身近にいるのは、とても心強いことだ。**

ただし、「弱っている自分」に対して、「そんな考えではいけない」、「もっと強くなれ」と否定してくるような人では、あまり意味はない。ただただ話を聞いて、あなたという存在を受け止めてくれる人、そういう人が近くにいると、心がリセットされるだろう。

こうした弱みを含めて心のすべてを話せる場をもつことは、女性だけでなく、もちろん男性にも効果がある。ぜひ一度試してみて欲しい。たった一度でも、「すっ」と心が軽くなるのを感じられるだろう。

しかし、どうしても「人に弱みを見せることに抵抗がある」、「自分で対処するしかない問題をだれかに相談するのは、愚痴を吐くようで好きではない」という人もいるだろう。

そんな場合には、うまく社外のサービスを利用するのもいい。ビジネスカウンセラーや経営者を対象としたエグゼクティブコーチングのサービスが広がっているのを見ると、「参謀」に対する世の中のニーズがそれだけ高まっているのだと感じる。

一人で抱えきれない問題に押しつぶされてしまうことのないよう、自分を助けるしくみを整

えておいて欲しい。

「責任をとる」ということ

さて再びAさんの事例に戻る。

しばらくAさんからはコーチングの希望がなかった。頑張っているのだろうと思っていたところ、「じつは部署の取りつぶしが決まった」とのメールが入った。

急きょ日時を設定し面接することにした。

彼の奮闘努力も実らず、会社の方針として部署の取りつぶしが決められたそうだ。

疲労の第2段階のチームを率いていると、現状を耐えることはできたとしても、今以上の成果をあげるのは難しい。

その結果として、会社が倒産したり、事業継続が困難になったりすることもあるだろう。あるいは、第2段階仕様の負けないリーダーシップをとったことが、上層部の反感を買うこともある。

そんな時、リーダーはどう身を処せばいいのだろう。

「責任のとり方」はリーダーという仕事の本質にかかわる問題だ。

切った仕事にしても、メンバーに任せた仕事にしても、**リーダーは、チーム内で起きることに対して、すべての責任を負う覚悟をもたなければならない**。部下が何か大きな問題を起こしてしまった時にも、管理監督責任を問われるのがリーダーだ。

その覚悟をもたない人間は、残念ながら、人の上に立つ資格はないと思っている。

リーダーが巧妙に責任回避をしたり、メンバーに責任を押し付けようとする姿勢が垣間見えたりしたら、リーダーに対するメンバーの信頼は一気に崩れてしまう。その瞬間にチームが崩壊することもあるだろう。

信頼関係は、崩れる時は本当に一瞬なのだ。

「何かあった時には、リーダーが潔く責任をとる」

これも、崩壊しないチームに必要な要素なのだ。

もちろん自衛隊でも、問題があれば必ずリーダーが責任をとる。

さて、今回のケースでAさんはどのように振る舞えばいいのか。

部署の失敗を自分一人で背負い、退職するのも、降格を覚悟で残って会社に尽くすのも責任のとり方だ。

まずは、彼自身の考えを聞いてみた。

Aさん自身、今回のことは大変勉強になったという。自分のリーダーシップを見なおし、部下の話を聞き、自分の感情と向き合っているうちに、自分は今の会社の方針と合っていないと感じるようになってきたという。

本来は、海外で顧客を開拓して、その地域の人に喜んでもらう仕事をしたかったことを思い出したのだ。

以前は大きな企業でどんどんのし上がっていこうという思いが強かったが、40歳を超えて、それより人に喜んでもらう仕事をしたいと思うようになった。

じつは半年前、今の職を離れようとしていた時から、心の底では、そういう思いがあったのだ。

転職についてのプロセスを具体的に話しているうちに、彼は今の会社を辞める決意を固めた。そして、メンバーをできるだけ希望の部署に送るために、まずは一人ひとりと十分に話し合うことを決めた。

「いろいろありましたが、本当に助かりました。ありがとうございました」

コーチングを終え、彼はすがすがしい顔で部屋を後にした。

私は、疲労の第2段階のビジネス戦場が、Aさんを一段と大きく育てたのだと実感した。


時代が移り行く中で、潔く腹をくくれるリーダーは少なくなっているかもしれない。

だが、本書にあるような「リーダーシップの基礎力」を身に付けている人材は、とても貴重である。


どこかでだれかが必ず見てくれている。

いざとなっても、迎えてみれば、その「いざ」は武力戦場に比べれば大したことではない。

命をとられることもない。

どんなに厳しい環境にあっても、「第3の選択肢」は、山のようにあるのだ。

「辞める強さ」をもつ

本書を執筆している平成28年12月5日、安倍晋三首相は、首相在籍日数1806日の中曽根康弘元首相を抜いて、戦後歴代4位となった。

絶大な人気を誇った小泉純一郎元首相の後を受け発足した第一次安倍内閣だったが、1年足らずで電撃辞任をした際に、現在の安倍首相の活躍を予測した人は、おそらくほとんどいなかっただろう。

ところが当時、私は「この人は、必ずカムバックしてくる」と感じていた。

講演会などでそう話しても当時は信じる人は少なかったが、安倍氏が再び総理になった時に、「下園さんの言うとおりになりましたね」と声をかけてくれる人もいた。

どうして私は、彼がカムバックすると思ったのか。

当時、自衛官だった私は、総理大臣を自衛隊の最高司令官という立場でも観察していた。

自衛官は、最高司令官のひと言で命を懸けるのだ。もし、その最高司令官の頭脳や感情が万全でなかったとしたら恐ろしいことだ。

安倍首相は、ご自分を冷静に見て、今はその任に堪えられないと判断したのだろう。ものすごいことだ。

その、**引き際の心の強さ**に、私は彼の復活を予感したのだ。

「辞める強さ」をもつリーダーは強い。

退任当時、安倍首相は、おそらく精神的には、うつ状態にあったのだろう。

当時、今ほど注目はされていなかったが、憲法改正草案の作成など、戦後レジームの脱却を目指した諸政策などにも精力的に取り組み、さまざまな分野でいくつかの法案を成立させていた。

しかし、小泉元首相の続投を願う声も多い中の後任首相ということもあり、やはり相当なプレッシャーもあったのだろう。

その重圧をうまく分散させることができず、次第に疲労の第2段階の状態になっていったようだ。

リーダーは、自ら職を辞すると「無責任」と非難されがちだ。

リーダーとして組織の上に立てば立つほど、なかなか自らそのポジションを降りる宣言はしづらい。「せっかくここまで登ってきたのに」と執着心も出てくる。能力の低下を認めることができず、職にしがみついてしまうのだ。

政治家として、日本のトップに立つほどの人であれば、なおさらだろう。

しかし、疲労の第2段階ならまだしも、第3段階に陥って仕事を続けようとすると、正しい判断ができなくなる恐れがある。

当時の安倍首相は、所信表明の直後というタイミングにもかかわらず、すぱっとその職を辞した。1年程たったころ、しばらくぶりにテレビで見かけるようになった彼は、辞任当時よりも顔色が良くなり、多少ふっくらしたようにも見えた。しっかり休息をとって、心身を整えたのだろう。その後の活躍は、周知のとおりだ。

疲労コントロールがうまくできなかった自分の弱さを認め、疲労が回復するまではいったんリーダーの職を辞する。いざとなったら、そんな選択肢があることを忘れないで欲しい。

中には、「無責任だ」と非難する人もいるかもしれない。

だが、心身に不調をきたせば、判断力は確実に鈍る。そんな状態で仕事を続けるほうがよっぽど無責任だ。

リーダーの職を辞める。その決断ができるリーダーは、必ずカムバックできる強いリーダーだと私は思う。

いわき市小名浜支所での折れないリーダーシップ

ビジネスの世界では、多くのリーダーたちが勝つためのリーダーシップを語っている。負けないリーダーシップが語られる機会は、ほとんどない。

くり返しにはなるが、現実の過酷な競争社会を生きるビジネスパーソンにとって必要なのは、負けないリーダーシップであることのほうが多い。

攻勢に出られる時は出ればいい。しかし、厳しい環境を余儀なくされることのほうが多いのが現実。**もちこたえなければ、自分やメンバーの心身が壊れてしまうし、次のチャンスもめぐってこない**のだ。

最後に、折れないリーダーシップの事例をひとつ紹介しよう（個人のケースはプライバシー保護のため、脚色してある）。

平成23年3月11日。あの東日本大震災の時、福島原子力発電所から40キロメートルしか離れていない、福島県いわき市小名浜支所で同地区副本部長として実質の指揮をとっていたのは舘《たて》典嗣《のりつぐ》さん（当時52歳）だった。

いわき市の人口約34万人のうち、9万人が被災者となった。

放射能を避けて、物資を載せた車両が近づいてくれないことも大きかったが、支所が大変だったのは、わずか45人で最大28か所の避難所を運営し、5000人の避難者を支援しなければならなかったことだ。ガソリンも来ないので、職員は自転車で避難所を回った。

自らの自宅も被災し、支所も損壊しており、十分な休養もとれないまま、嵐のような数日が過ぎた後、職員の頭を悩ませたのが、支援物資の受け入れと配布だ。

とにかく仕分けが大変だった。しかし食料は早く届けないと腐ってしまう。

そこで彼は、部下に指示をした。

「新品の下着、歯ブラシ、生理用品、大人のおむつ、粉ミルク、これだけは数えて、後は適当に持って行け！」

防災を研究してきた彼は、これらの品目が、特定の被災者にとっての必需品であり、そこさえ押さえておけば、後はなんとかなると腹をくくったのだ。

これが本書で言う、企図の確立と明示であり、部下の仕事を「切る」ことだ。

被災者は、つらい思いをしてイライラしている。物資に不満をもち、配布する職員やボランティアが抗議を受けることも多い。
「もし、何か言われたら、ごめんなさいと言っておけ。それでもダメなら、俺が謝りに行く」
彼の全責任をとるという態度の表明で、職員の気持ちは楽になったことだろう。

次に、彼が職員に命じたのは、被災者に対する各種相談窓口の設置業務だ。り災（被災）証明申請受付・交付、義援金・見舞金申請受付、放射能対策の「安定ヨウ素剤交付」などの10種類もの相談受付窓口を設置する必要があった。いずれも、職員がいつもやっている仕事ではない。大変な仕事である。

彼は、職員に対して「大変だが、1日で覚えて翌日からしっかり説明できるように」と、指示した。これは厳しい指示である。

しかし、彼は、「被災者の安心のためには『情報』が必要だ、それを提供できるのは我々しかいない」ということを、明確に意識していた。だからこそ、部下にも厳しく要求したのだ。

この時期に、彼が自ら心がけていたのは、「具体ケースは、即断即決」ということだ。お役所仕事と言えば、「決まりがないので……」、「上司に聞いてみます」、「検討させてください」などの対応をイメージする。平時はともかく、このような時は、それではうまくいかない。住民第一で考えた上で、すべて「自分が責任を負う」というスタイルで、彼が即決した。

そのことで、住民はすぐにサービスが受けられるだけでなく、職員の業務も大変楽になった。

もちろんすべての上司クラスが、彼のような即決ができたわけではない。

結局、彼が現地周りや調整から戻るまで、だれも「決断」できないことも多かったという。

その結果、本来の仕事の範疇を超えたことであっても、彼に決断を求める職員が多かったという。


もうひとつ彼が意識していたことがある。

それは、努めて明るく振る舞うことだ。下手なジョークやダジャレを連発したのだ。

「冗談は百薬の長」が彼自身の心得である。

これには理由がある。

というのも、神戸の震災復興を研究した時、「神戸の市役所では、ジョークが言える人が最終的に折れずに勤務できたし、離婚率も少ない」と聞いていたからだ。

上司が部下の感情を左右することをよく知っていた彼は、まずは自ら明るく振る舞うことで、自分に相談しやすい雰囲気をつくろうと意識していた。

「あの時は舘さんの明るさに救われましたよ。ダジャレはウザかったんですけどね」と、久々に会う部下に言われるという。

2～3か月たつと、そんな部下にも、さすがに疲労の色が隠せなくなってきた。

ある30代職員は、住民からクレームを受け続け、ふさぎ込むことが多くなっていた。

ケアレスミスが頻発し、無口になってきたことに気付いた舘さんは、部下に声をかけた。

話を聞くと、家族は放射能を恐れ避難しており、ほとんど会えていない。家に帰っても、一人でカップラーメンをすするだけの毎日であった。

そこで彼は、強制的に1日の「代休強制取得命令」を出し、もし回復しない時は、3日まで延長することを事前に許可し、家族のもとに返した。

そのような命令の制度はないのだが、部下が「休んだら、他の職員の迷惑になる」と非常に気にしていたので、強制的にでも休ませるための工夫だった。

結果として、2日の休みをとって帰ってきた部下は、「カラっ」と元気を取り戻したという。

そして、そのまま最後まで乗り切ってくれた。

これは、うまくいった例だが、残念ながら、数か月後に退職した職員もいる。何度か面接しサポートしたが、家庭の都合も重なっていたために、結局退職することになった。

ただ、しばらくたってから退職した部下とも会う機会があり、震災の仕事で自信をなくしたわけでなく、今はしっかり前を向いて歩き出してくれていることを知り、安心したという。

震災から半年ほどたち、震災対応も一息ついたころのことだ。

今度は、舘さん自身にもいよいよ不調が表れ始めた。

業務にやる気が出ない。不眠がちで、定時に出勤できなくなる。こんなことは今までなかったが、事前に勉強していた彼は、「燃え尽き症候群」だと自覚した。

そこで、上司と相談し、しばらくは半日業務で、たまっていた休暇を消化することにした。

そして、2か月ほど過ぎたころ、新しい業務が入り、「これは自分がやらなくてはいけない」と前向きな気持ちがわいてくるのを感じた時、ようやく本来の自分に戻れたという。

舘副本部長のようなリーダーシップが、だれにでもとれるわけではない。

じつのところ、彼は、私の防衛大学校での同級生なのだ。学生時代に体調を崩し、自衛隊への任官をあきらめた彼は、故郷に戻り、住民のための仕事に就いていたのだ。

メンタルヘルスの知識に関しては、私の本を読んでくれていた。「あの時は、下園の本に助けられたよ」、35年ぶりに会った同窓会で、この震災の時の話を聞いたのだ。

若いころに鍛えられたリーダーシップの基本は、どのような立場や場面でも、必ず役に立つものだと実感した出来事だった。

彼のような見事なリーダーシップは一朝一夕で身に付くものではないだろう。しかし、「(自分を含め）人は疲労するもの、疲労したらだれでも能力が低下するもの」という前提をしっかり理解することはできる。

あとは、皆さんの置かれている「戦場」の特質に応じて、本書でお伝えしたコツをひとつでも実行してみて欲しい。

おわりに

自衛隊の教範は、大切なことから順に書いてある。

読んでいるうちに、戦いが始まってしまうかもしれないからだ。しかも、戦場で緊張し、集中力が欠けていても理解しやすいように、図や写真が多用されている。

そんな環境で鍛えられてきた私は、本書の執筆にあたり、戦略的に「教範」に近い章立てをした。読者は疲労の第2段階、そんなに読む力はない。だから、一番大切な部分、第2章（疲労のコントロール）までで果ててもいい。

リーダーを読者と想定しているので、第6章の内容から始めるべきだとも考えたが、カウンセラーとしての経験がそれを止めた。

リーダーに、「あなたはこうするべきですよ」と言うと「何をわかったようなことを、自分の組織のことは自分が一番理解している」と反発される。そんなリーダーでも、「あなた自身には関係のない内容ですが、部下は疲労するものです」と話すと、受け入れてもらいやすい。そして勘のいいリーダーは、「なるほど、では自分も気を付けたほうが良い」と察してくれる。

だから、いずれにしても第2章まででいいのだ。私は戦略的だ、フフフ。

ただ、読者の中には、私の先を行く方もいるだろう。

この「おわりに」から読んでいる方だ。著者のコメントを聞いておけば、自分の知りたいところをピンポイントで知れるし、著者の伝えたいところもあらかじめ当たりをつけて読むことができる。

ただ、じつはそれも想定してこの「おわりに」を書いている。

もし、あなたが効率を重視するクールな頭の疲労の第1段階なら、冒頭で気付いたはずだ。一番大切なのは第2章までだ。そこだけでいい。

同じ第1段階の人で、着実に物事を理解したい人は、序章から丁寧に積み上げて欲しい。そういう人は、なるほど、結局第6章でリーダーの疲労のことが書いてある。それまでのスキルも大変興味深かったが、それらができるかどうかは結局リーダー自身が疲労をコントロールできているかどうかなのだな……と気付いてくれるだろう。

ただ、「おわりに」から読み始めた人の中に、もっと疲労が蓄積した第2段階、いや第3段階の人もいるかもしれない。逆にそんな人ほど、余裕がないので、早く答えを知りたいという思いから、ここを読んでいるかもしれない。

さて、あなたはどのタイプだろうか。

ちなみに、「おわりに」から読み始めたあなたのために、質問をひとつ。

あなたは、「答え」を求めてこの本を開いたのか、「ヒント」を得たくて開いたのか、どちらだろうか？

この質問であなたの「切迫度」がわかる。

所詮、本なんて、著者の考えるリーダーシップのコツでしかない。読者の性格や置かれている環境も違う。すべての状況を魔法のように改善する「答え」などないのだ。冷静な頭なら、それを納得できる。ところが、人は疲れ果てて切羽詰まってくると、それを一気に打開する魔法の「答え」を求めるのだ。

もしあなたが、魔法の答えを求めているなら、本書で言うところの第2段階から第3段階の疲労が蓄積している状態だ。そういった人には、本書を読むことを勧めない。もっといい使い方がある。本書を枕に、寝ていただくことだ。

疲れ果てた頭で必死に読んでも、本書にあなたが求める「魔法の答え」は見つからない。ただ、しっかり寝た後に読んでもらうと、今のあなたの状態を冷静に俯瞰し、状況を打開するためのヒントを見つけられるはずだ。

一方、最初から「本なんてそんなもの」とクールに情報収集をしようとする方には、ぜひ本書を熟読して欲しい。「戦場」というささかイメージしにくい場面がたくさん出てくるが、極端だからこそ、ヒントを見出しやすい。

ただ、そんな人でも、それぞれの職場には、じつにさまざまな特性があり、本書で紹介しているヒントをなかなかうまく適用できない場合もあるだろう。そんな時は、ぜひ、私のコーチを受けるといい。少々高いが、個別の作戦を提案しよう。

下園壮太公式ＨＰ
https://www.yayoinokokoro.net/

私はどこまでも戦略的だ、フフフ。

さて、本書は、大変なチームで作成した。

編集の柏原さんは、この制作の間に大きな手術をし、その後もリハビリをしながら、かなり大変なスケジュールで、本書を完成させた。

ライターの玉寄さんは、私が好き勝手に話す軍隊の話を、まずは理解するのに大変だった。

私の書籍をたくさん読み、戦史にも当たった。初稿をいただいた時、彼女の苦労がにじみ出ていた。

そして私は、今から1年半前の平成27年8月に自衛隊を定年退職した。規則正しく、安定している大組織から離れ、自由だがなんの保証もないフリーの活動を開始して半年後、3か月ほど声が出ない症状が出ていた。環境変化によるストレスだ。

三人とも、第2段階の疲労状態の中で、本書で伝えていることを、お互いが自分の生活の中で工夫しながら、なんとか出版にこぎつけた。

「折れない」チームだったと、自分たちをほめてやりたい。

平成29年1月

下園壮太

プロフィール

〔著者紹介〕

下園　壮太（しもぞの　そうた）

メンタルレスキューシニアインストラクター
元・陸上自衛隊衛生学校心理教官

1959年、鹿児島県生まれ。1982年、防衛大学校を卒業後、陸上自衛隊入隊。陸上自衛隊初の心理幹部として、自衛隊員（特に幹部）へのメンタルヘルス教育、リーダーシップ育成に携わるとともに、多数のカウンセリングを手がける。

大事故や自殺問題への支援で得た経験をもとに、独自の理論を展開。陸上自衛隊衛生学校で、コンバットストレス教官として、衛生科隊員（医師など）に対する教育に携わる。

専門は、カウンセリング、うつ、自殺予防、惨事対応、メンタルトレーニング、リーダーシップトレーニング。「防衛庁メンタルヘルス検討会」委員、産経新聞社主管の「国民の自衛官」受賞。

2015年8月に退官。現在は講演や研修を通して、独自のカウンセリング技術の普及に努めている。

主な著書に、『自衛隊メンタル教官が教えてきた自信がある人に変わるたった１つの方法』、『自衛隊メンタル教官が教える心の疲れをとる技術』（以上朝日新聞出版社）、『うつからの脱出―プチ認知療法で「自信回復作戦」』（日本評論社）等。

下園壮太オフィシャルＨＰ
https://www.yayoinokokoro.net/

自衛隊メンタル教官が教える
折れないリーダーの仕事

2017年2月20日　　初版第1刷発行

著　　者――下園 壮太
発 行 者――長谷川 隆
発 行 所――日本能率協会マネジメントセンター
〒103-6009　東京都中央区日本橋2-7-1　東京日本橋タワー
TEL　03(6362)4339(編集)／03(6362)4558(販売)
FAX　03(3272)8128(編集)／03(3272)8127(販売)
http://www.jmam.co.jp/

装丁、本文デザイン――鈴木 大輔、江崎 輝海
（ソウルデザイン）
本文DTP――株式会社明昌堂
編集協力――玉寄 麻衣、中川 賀央
印 刷 所　――広研印刷株式会社
製 本 所　――星野製本株式会社

ISBN 978-4-8207-1960-1 C2034
落丁・乱丁はおとりかえします。
PRINTED IN JAPAN

JMAM 既刊図書

社長が“将来”役員にしたい人

これからのリーダー・管理者のための ビジネスセンスを磨く25の習慣

秋山 進 著

四六判　216頁

本当に使える人材ほど、若い頃の人事考課の評点が悪い――これは多くの経営人材を支援してきた著者の見解です。では、これからのビジネス社会で使える人材とはどういった人なのでしょうか。そうした人材の特徴的な行動習慣を25項目抽出し、スキルとして活用できることを目指した一冊です。